観光列車が旅を変えた

地域を拓く鉄道チャレンジの軌跡

堀内重人
Horiuchi Shigeto

交通新聞社新書 105

はじめに

21世紀は「観光の時代」と言われている。「観光」と「交通」は、切っても切り離せない存在である。20世紀は、国鉄や大手民鉄が都市部と観光地を結ぶ列車を多数運行する以外に、主に大手民鉄が観光地でホテル業を営むなど、鉄道事業を中核とした観光開発が進められた。

一方の行政は、戦後の道路事情が悪かったこともあり、道路建設を積極的に推し進めた。昭和40年代に入るとモータリゼーションが本格化したことから、駐車場の整備を行うなど、観光バスやマイカーの利用を前提とした観光の促進を図ってきた。これにはマスツーリズムに代表されるように、大量生産・大量消費が時代背景にあり、観光バスによる団体旅行が重宝された。また名神高速道路や東名高速道路の開通など、高速道路時代が幕を開け、その影響で国民の自家用車保有率が上昇していた時代でもあった。著名な観光地の中には、公共交通が不便なところが少なくなかったことも理由の一つである。ただ、行政の「交通」、とりわけ公共交通に対する関心は低いと言わざるを得なかった。

ここ数年は、家族などの小グループや個人で列車に乗車すること自体を目的とする旅行が注目を集めている。ＳＬなどのイベント列車に乗車して観光地を訪問したり、ゆっくり走る列車の車窓で渓谷美を満喫したり、車内で提供される地元の食材をふんだんに使った食事に舌鼓を打つなど……。鉄道各社はこのような動きを受け、利用者獲得の新たな手段として魅力ある観光列車を運行し、地元も地域興しを目的としてその盛り上げに一役買うケースが増えてきている。

本書では、そのような観光列車の歴史を概観するとともに、現在活躍している観光列車をいくつかのカテゴリーに分け、筆者の乗車体験も踏まえて紹介し、これらの列車の魅力や沿線地域にもたらしている効果にも着目した。また最終章では、観光列車の進化形であるクルーズトレインの現状と展望について、筆者なりの考えをまとめてみた。

2016（平成28）年11月　堀内重人

観光列車が旅を変えた――目次

※写真の出典は、キャプションにⒽとあるものは筆者撮影。残りは特記を除き㈱交通新聞社所蔵となります。

第1章

戦後の観光列車の歴史

1　国鉄による行楽列車の復活

第二次世界大戦終了直後の我が国の鉄道は、戦災で大きな被害を受けていた。生活物資の不足と悪性インフレ、治安の悪化など社会・経済情勢も疲弊していたが、その中で行楽輸送はいち早く復活の兆しを見せた。戦争末期には、警察の「旅行証明」がなければ、100キロ以上の鉄道旅行に出かけることはできなかった。空襲も激しさを増し、旅行需要は大きく低迷したが、終戦を迎えてこのような状況から解放された。それを受けて、国有鉄道や私鉄各社は行楽輸送の再開に取り組んだ。

国有鉄道は昭和24（1949）年6月、公社制度のもと、日本国有鉄道（国鉄）に改組された。翌年、特急「へいわ」は由緒ある列車名「つばめ」に改称され、姉妹列車の「はと」とともに東海道本線における特急列車2往復体制を形成した。この時代の長距離輸送の主役は客車列車で、「つばめ」「はと」には1等展望車や特別2等車（現在のグリーン車）などの豪華車両が連結されていた。

国鉄による行楽輸送の代表的な目的地の一つが伊豆である。伊豆は、鉄道の開通とともに観光地として発展するようになった。大正14（1925）年の国府津〜熱海間（熱海線）の開通を受けて、昭和３（１９２８）年に東京～熱海間で温泉行楽客を輸送する週末限定の列車が誕生し、昭和５（１９３０）年に定期の快速列車に昇格した。昭和９（１９３４）年11月に丹那トンネルが開通すると、東海道本線は熱海経由となり、さらに便利になった。昭和13（１９３８）年には伊東線熱海～伊東間が全通・電化開業し、東京からの直通列車が運転を開始したことで、伊豆は東京の奥座敷として脚光を浴びるようになった。

戦後は、昭和23（１９４８）年に週末限定の快速列車が、昭和25（１９５０）年10月には東京～伊東・修善寺間で80系を使用した週末準急「あまぎ」が運転を開始した。80系は電車による長距離運転を普及させた画期的な車両で、優等列車になった最初の電車でもあり、それが「あまぎ」であった。戦前の準急は運賃だけで乗れたが、戦後は準急料金が設定された。26（１９５１）年には、同区間で準急「いでゆ」が定期列車として運転を開始した。

昭和30年代に入ると、戦後復興の進展で鉄道の輸送量は急速に拡大し、国鉄は主要線区の輸送力増強に力を入れるようになる。その一環として、昭和31（１９５６）年11月には東海道本線の全線が電化された。優等列車は、まだ電気機関車が牽引する客車列車が主流であったが、10系・20系という軽量客車が開発され、それがのちのブルートレインブームをもたらすことになる。

特急「はと」展望車

80系（初期型）

２　東武鉄道と小田急電鉄

（１）東武鉄道の日光輸送

関東私鉄最大手の東武鉄道は、昭和４（１９２９）年10月に杉戸（現：東武動物公園）〜東武日光間94・５キロの日光線を電化・複線で開業し、浅草〜東武日光間で電車の長距離運転を開始した。すでに国際的な観光地であった日光への輸送を担うため、昭和10（１９３５）年に関東で初めての本格的な特急電車デハ10系を導入していた。

戦後は、連合軍専用列車の一部を開放する形で、昭和23（１９４８）年８月から浅草〜東武日光・鬼怒川温泉間で現在の特急「けごん」「きぬ」の前身である特急「華厳」「鬼怒」の運転を開始した。これは後述する近畿日本鉄道の有料特急に続く、戦後の私鉄で２番目の優等列車であった。

１９５０年代に入ると、東武鉄道と国鉄の間で日光輸送の競争が激しくなる。東武鉄道は、昭和26（１９５１）年に転換クロスシートを備えた５７００系、昭和31（１９５６）年４月にリクライニングシートを備えた１７００系の両特急車両を導入。対する国鉄は、同10月に上野〜日光間（のちに東京〜日光間に延伸）でキハ55系による準急「日光」の運転を開始。昭和34（１９５９）年９月の日光線宇都宮〜日光間の電化完成にあわせて準急「日光」を電車化し、

東武鉄道のDRC1720系「けごん」

東武鉄道の100系「スペーシア」

１５１系特急車両に準じたデラックスな設備を有する１５７系を導入した。これに対抗すべく、東武鉄道は35（１９６０）年10月にＤＲＣ（デラックスロマンスカー）と呼ばれる１７２０系を導入。冷暖房完備で、フットレストを備えたフルリクライニングシートが１１００ミリというシートピッチで配置されるなど、国鉄の2等車（現在のグリーン車）並みの居住性を有していた。

これ以降、日光輸送は東武鉄道優位の状況が続き、平成２（１９９０）年６月には現在の１００系「スペーシア」が運転を開始。そして平成18（２００６）年3月には、栗橋駅構内に東北本線と東武日光線をつなぐ連絡線が設置され、ＪＲ東日本と東武鉄道による新宿～東武日光・鬼怒川温泉間で特急列車の直通運転が開始された。また、平成29（２０１７）年春のダイヤ改正では、新たに導入される５００系「リバティ」によって、野岩・会津鉄道直通の特急「リバティ会津」の運転も計画されている。

(2) 小田急電鉄の箱根輸送

伊豆・箱根エリアは戦前から日本を代表する観光地であり、西武鉄道、東京急行電鉄、小田急電鉄の各グループが観光開発に取り組んできた。

もっとも、小田急グループが箱根の観光開発に着手したのは戦後であり、大正中期に開発に着手した西武グループの方がはるかに先輩格である。昭和20年代から40年代にかけては、3グループが高度経済成長下で拡大する輸送シェア獲得を競った「箱根山戦争」なるものも起きている。しかし、現在では「小田急＝箱根」というほどに小田急グループのイメージが強い。その象徴と言えるのが特急「ロマンスカー」である。

小田急電鉄は、戦前から新宿～小田原間で週末の温泉客を輸送するノンストップの特急列車を運転していた。戦時統制を経て、昭和23（1948）年6月に東京急行電鉄（大東急）から分離後、同10月に運転を再開するが、戦災を受けた車両を応急復旧したものを使用していた。

昭和25（1950）年8月に箱根登山鉄道箱根湯本への乗り入れを開始したこともあり、特急列車を利用する観光客が増えてきたことから、26（1951）年2月に最初の本格的なロマンスカー車両である1700形が登場。同8月には特急列車を全車指定席とした。

昭和30（1955）年10月には国鉄御殿場線に乗り入れ、準急「銀嶺《ぎんれい》」と同「芙蓉《ふよう》」の運転を開始した。当時の御殿場線は非電化であったため、車両にはキハ5000形が用いられた。両列車は、小田急線内での種別は特急であり、御殿場線では唯一の優等列車であったことから、東京へ出張する人などに好評であった。

昭和32（1957）年6月には、小田急ロマンスカーのイメージを定着させ、観光特急として

小田急電鉄のキハ5000形

小田急ロマンスカーのイメージを確立した3000形SE車

の地位を揺るぎないものとした３０００形ＳＥ車の運転を開始した。新宿〜小田原間を60分で結ぶ高速運転を行うため、車両の軽量化・低重心化が図られ、駆動方式や制御方式、車体構造などに当時の最先端技術を採用。高速運転でも騒音や振動が少なく、観光特急としての理想的な乗り心地が実現した。座席は回転式のクロスシートで、喫茶カウンター（売店）を備えるなど、車内設備も充実していた。

その後も、現在の５００００形ＶＳＥ車や６００００形ＭＳＥ車にいたるまで数々の車両が登場しているが、箱根観光のための特急列車という小田急ロマンスカーのイメージは一貫しており、ＪＲ・私鉄を通じた全国の鉄道の中で独自の存在感を堅持している。さらに、平成30（２０１８）年３月の営業運転開始を目指す７００００形の新製も計画されている。

3　近畿日本鉄道

(1) 行楽輸送の先駆者となった近鉄

近畿日本鉄道は、昭和22（１９４７）年10月に戦後初の特急電車（有料）の運転を上本町〜名古屋間（１日２往復）で開始した（*1）。国鉄の戦後初の特急「へいわ」が東京〜大阪間で運転を開始したのは昭和24（1949）年9月なので、近鉄の方が2年早かった。これには、同社の前身である大阪電気軌道と参宮急行電鉄が、戦前から高性能の2200系電車を導入し、100キロを超える距離を高速で運転していたことが影響している。

2200系は、平坦地を最高時速110キロ、33‰の急勾配でも時速65キロで走行でき、勾配抑速用の発電ブレーキを備えていた。当時、急勾配区間を走行する客車列車や電車は、ブレーキ管の空気を抜いて低速で坂を下っていた。国鉄で最初に勾配抑速ブレーキを備えた電車は、昭和34（1959）年に準急「日光」で登場した157系なので、2200系の性能は国鉄の数十年先をいっていたことになる。設備面でも、国有鉄道の客車よりもシートピッチが格段に広い座席やトイレ、個室を備え、電気式の暖房を採用するなど、サービス面も充実していた。

(2) 伊勢志摩輸送の歴史

現在の近鉄による伊勢志摩輸送は、特急列車が大阪、京都、名古屋から山田線・鳥羽線・志摩線に乗り入れる観光ルートを形成し、前述の「小田急＝箱根」と同様に「近鉄＝伊勢志摩」という強固なイメージを確立している。

近鉄山田線は伊勢中川〜宇治山田間28・3キロを結ぶ路線で、昭和6（1931）年3月に全線が開業した。事業者は、現在の近鉄大阪線、橿原《かしはら》線、吉野線などを建設した近鉄の前身である大阪電気軌道が昭和2（1927）年に設立した子会社の参宮急行電鉄である。同線の開業で、大阪電気軌道と参宮急行電鉄は上本町～宇治山田間を約2時間で結ぶ直通列車の運転を開始した。当時の国有鉄道が同区間を結ぶのに関西本線・参宮線経由で3～5時間を要していたことから優位性は明らかで、上本町～宇治山田間の高速運転は、大阪から伊勢神宮への参詣を日帰りにしただけでなく、伊勢志摩の観光輸送の原点となった。

近鉄志摩線は鳥羽～賢島間24・5キロを結ぶ路線である。明治44（1911）年、国有鉄道の参宮線が鳥羽まで延伸したことで人の流れが活発化し、鳥羽から志摩方面への鉄道敷設を望む声が高まったことで、大正13（1924）年に志州電気鉄道（15年に志摩電気鉄道に社名変更）が鳥羽～鵜方浜（現：鵜方）間の鉄道免許を取得。その後、伊勢神宮の参拝客を取り込むため賢島より先の真珠港までの路線に計画を変更し（*2）。昭和4（1929）年7月に鳥羽～賢島～真珠港間の全線を開業した。限られた資金で建設したため、電化こそされていたが、急勾配や急カーブが連続する線形となった。また、国鉄参宮線との直通運転を行うため、軌間は1067ミリとされた。開業を記念して、かしこ島は「賢島」と漢字表記に変わり、駅前には英虞《あご》湾にある御座など奥志摩の各地を船で結ぶため賢島港が整備された。

昭和13（1938）年8月施行の陸上交通事業調整法により、志摩線は19（1944）年2月に三重交通㈱の路線となる。21（1946）年、自然美が広がる英虞湾一帯が伊勢志摩国立公園に指定され、外国人観光客が訪れるようになった。そこで外貨獲得を目指して、三重県と近鉄・三重交通の三者が24（1949）年10月に㈱志摩観光ホテルを設立し、26（1951）年4月に25の客室を備えた木造ホテルが開業した。

(3) 改軌工事を経て直通運転を開始

昭和30年代に入り、近鉄は伊勢志摩方面への観光輸送の強化に動いた。昭和39（1964）年2月、三重交通㈱の鉄道部門が分離されて三重電気鉄道が発足したが、近鉄は40（1965）年に同社を買収し、志摩線を自社路線とした。そして、大阪、名古屋、京都と伊勢志摩方面を直通する特急列車を運転するため、志摩線を1435ミリに改軌し、直流1500ボルトに昇圧するとともに、山田線と志摩線を結ぶ鳥羽線の建設に着手した。

工事は昭和43（1968）年から45（1970）年にかけて行われ、45（1970）年3月に鳥羽線宇治山田～鳥羽間13・2キロの全線が開業し、改軌・昇圧工事を終えた志摩線、及び山田線を経由する伊勢中川～賢島間の直通運転が開始された。なお、ほぼ貨物専用線となっていた賢

近畿日本鉄道の23000系「伊勢志摩ライナー」

近畿日本鉄道の50000系「しまかぜ」

「しまかぜ」の車内（H）

島～真珠港間0・3キロは廃止された。
　その後、伊勢志摩は中部・関西圏屈指の観光エリアとして発展を続けたが、平成5（1993）年の伊勢神宮の式年遷宮、6（1994）年の近鉄グループによる志摩スペイン村の開業を控え、旅客需要のさらなる拡大が見込まれた。そこで近鉄は、昭和61（1986）年に志摩線の複線化工事に着手し、平成5（1993）年9月までに中之郷～船津間2・9キロと上之郷～志摩磯部間1・4キロを除く区間の複線化と、白木～五知間の青峰峠を貫く青峰トンネルを順次完成し、線形も改良して時速130キロ運転を実現。平成6（1994）年3月から23000系「伊勢志摩ライナー」の運転を開始した。
　平成25（2013）年3月のダイヤ改正では、大阪難波～賢島間と近鉄名古屋～賢島間で観光特急500

00系「しまかぜ」の運転を開始した。「しまかぜ」には、新幹線のグリーン車並みの座席のほか個室やビュッフェを備えた豪華車両が導入され、当初から大きな人気を博したため、26（2014）年10月に京都～賢島間でも運転を開始した。

4　国鉄時代から続くジョイフルトレイン

(1) お座敷列車誕生の経緯

ジョイフルトレインとは、国鉄からJRを通じて、主に団体専用として運行されている臨時の観光列車を指す。その嚆矢は昭和58（1983）年に国鉄東京南鉄道管理局が製作した欧風列車「サロンエクスプレス東京」とされるが、その前身と言えるのがお座敷列車である。

お座敷列車は、昭和35（1960）年に盛岡鉄道管理局が導入したのが始まりで、その後、全国の鉄道管理局が導入するようになった。車両は旧型客車を改造したもので、冷暖房を搭載したり、窓を障子風の造りにするなどサービス面で工夫がこらされ、やがてグリーン車の扱いとなる。

1980年代に入ると、急行型の12系客車を改造したお座敷車両が登場し、スピードアップや乗り心地の向上が図られた。

国鉄盛岡鉄道管理局が導入したお座敷列車の車内

ジョイフルトレインの嚆矢となった「サロンエクスプレス東京」

（2）客車列車から電車・気動車へ

国鉄末期からJR発足当初は、各鉄道管理局や各支社単位で欧風や和風、お座敷など、さまざまなジョイフルトレインが雨後の筍のように誕生した。各線区の需要に応じた開発が行われ、非電化のローカル線区ではキハ58系などを改造した短編成の列車が運行された。昭和61（1986）年5月に千葉鉄道管理局が165系を改造したお座敷電車「なのはな」を、62（1987）年3月に東京西鉄道管理局が同じく165系電車を改造した「パノラマエクスプレスアルプス」を導入したことで、ジョイフルトレインの主流は電車に移っていく。

JRになってからもしばらくの間は、全国で多くのジョイフルトレインが運行されていた。JR北海道は、スキー客の需要が高かったことから定員を確保するため、キハ56系やキハ80系を改造したジョイフルトレインを普通車として運用していたが、昭和63（1988）年に新製車両による「ニセコエクスプレス」を導入。以後、北海道観光のトップシーズンである初夏やスキーシーズンを中心に新製車両のジョイフルトレインを運行し、充実したサービスを提供した。

JR東日本は、国鉄末期の流れを受け継いで、ジョイフルトレインの電車・気動車化を進めた。JR東海は、欧風客車の「ユーロライナー」、気動車では「リゾートライナー」、電車では「いきいきサロン東海」などを所有し、バラエティーに富んだジョイフルトレインを運行していた。J

JR北海道が導入した「ニセコエクスプレス」

国鉄時代にデビューした「ゆうゆうサロン岡山」

R西日本も、「ゆうゆうサロン岡山」「サロンカーなにわ」「あすか」などを使用した客車列車に加え、中国・山陰地方でもキハ58系を改造したジョイフルトレインを多数運行していた。

(3) ジョイフルトレインの衰退

1990年代の半ば以降、ジョイフルトレインはその役割を終え、急速に衰退する。その背景には、旅行スタイルの主流が団体から小グループへ変化したことや安価なバス旅行の台頭に加え、JR各社が高性能・高サービスの特急車両を意欲的に導入したことで、ジョイフルトレインそのものの必要性が薄れたことがある。

JR九州は、1990年代の初頭まで気動車や客車のジョイフルトレインを多数運転していたが、車両の老朽化が進んだこともあり、平成6(1994)年にその大半を廃止した。JR東海も、高山本線のワイドビュー車両など主要線区への新しい特急車両の導入が進んだことで、ジョイフルトレインの活躍の場が大きく減少した。

JR東日本では2000年代に入ると、新型の特急電車や気動車の導入が進んだことで、置き換えられた485系やキハ40系を改造したジョイフルトレインが増える一方、客車列車の多くが廃止された。平成20(2008)年3月、「サロンエクスプレス東京」をお座敷列車に改造した

「ゆとり」が廃止されたことで、客車編成のジョイフルトレインは「ＳＬばんえつ物語」だけとなった。

（４）ＪＲ東日本の「和《なごみ》」

ジョイフルトレインが役割を終えつつあった中で、ＪＲ東日本が平成19（２００７）年にＥ６５５系交直両用の特急形電車を新製し、「和《なごみ》」の運転を開始したことは大きなトピックであった。同社がＥ６５５系を開発した背景には、お召列車の老朽化があった。Ｅ６５５系は、天皇陛下はじめ皇族や国賓が乗車する「特別車両」１両を含めた６両編成からなり、「和」として運用されるときは、この１両がはずされて５両編成となる。

JR東日本の「和」

「和」は、ＪＲ東日本の「大人の休日倶楽部」会員専用のツアーや一部の旅行会社の主催ツアーのみで運行されていて人気があり、なかなか乗ることができないが、それだけに付加価値の高い列車ということができる。これは、その後に登場するJR九州の「ななつ星 in 九州」や、来春運行が開始されるJR東日本の「トランスイート四季島」、JR西日本の「トワイライトエクスプレス瑞風《みずかぜ》」に通じる特徴である。

5 シュプール号

(1) シュプール号のコンセプト

シュプール号は、昭和61（1986）年に登場した首都圏・中京圏・関西圏・九州北部と各地のスキー場を結ぶスキー客専用の臨時列車で、国鉄、並びにJR東日本、JR東海、JR西日本、JR九州が運転していたものである。

シュプール号の考案者は、JR東海の初代社長（現：相談役）を務められた須田寛氏である。須田氏は国鉄の旅客局長のとき、国鉄本社の目の前にある東京駅に多くのスキーバスが発着する光景を見て、スキー専用列車の運行を構想したという。バスに対抗するため、できるだけ安価で快適な移動手段とすべく、主に特急車両を使用しながらも、列車種別は全車指定席の「急行」とした。しかも、鉄道の運賃・料金と、駅とスキー場を結ぶバスの運賃をセットにするという、従

国鉄の「シュプール上越」(新宿駅)

来の国鉄では考えられない画期的な販売手法を採用した。販売促進の面でも、渋滞のある道路交通より定時制に優れている鉄道の強みを、駅貼りのポスターなどで強力にPRした。

このような施策が功を奏し、シュプール号は運転開始当初から人気列車となり、スキーブームが絶頂期に達した1980年代後半〜1990年代前半には、「ユーロライナー」や「スーパーエクスプレスレインボー」など、全車グリーン車のジョイフルトレインを使用したシュプール号も運転された。

JRの中ではJR西日本がとりわけ熱心で、京阪神地区発着のシュプール号を多数運転していた。平成6(1994)年には「シュプール白馬・栂池《つがいけ》」を主に北陸・大糸線経由で設定

JR西日本の「シュプール妙高・志賀」（大阪駅）

「シュプール妙高・志賀」乗降の様子（大阪駅）

し、平成９（１９９７）年以降は北陸・信越・上越線経由の「シュプール苗場・湯沢」「シュプール雷鳥・信越」や中央本線経由の「シュプール白馬アルプス」、播但線経由の「シュプール神鍋・鉢伏」などを運転。キハ１８１系を使って非電化区間へ乗り入れる列車もあり、最盛期には和歌山や姫路を発着する列車を含め、７方面に１日最大6往復もの列車を運転していた。

(2) シュプール号が運行を終えた理由

東京、大阪、名古屋など大都市圏の駅に発着するシュプール号は、ダイヤが過密な線区を走らざるを得なかった。スキー場と直結していたものの、定期列車の合間を縫って運行されるため、特急の待避などによる長時間の運転停車が発生した。特に復路のシュプール号の大半は、表定速度が時速40キロ強と普通列車並みの鈍足な列車であった。

また、平成２（１９９０）年12月のガーラ湯沢スキー場の開業、３（１９９１）年6月の東北・上越新幹線の東京開業、４（１９９２）年7月の山形新幹線の開業は、首都圏発着のシュプール号に大きな影響を与えた。

ガーラ湯沢はＪR東日本グループが運営するスキー場で、開業時に上越新幹線の保守用施設を利用して上越新幹線のガーラ湯沢駅が設置された。スキーシーズンのみ営業する臨時駅だが、東

ガーラ湯沢スキー場

京都心部とスキー場が新幹線で直結した利便性が好評を博した。JR東日本もガーラ湯沢へのスキー客輸送に力を入れるようになり、往復の新幹線とリフト券がセットになった「ガーラ日帰りきっぷ」（*3）などを発売。このため、首都圏と湯沢・上越方面を結ぶシュプール号は役目を終えることになった。

東北・上越新幹線の東京開業は、東京・神奈川エリアと東北・上越方面とのアクセスが便利になり、人々の心理的な距離感を縮めた。山形新幹線の開業も同様で、これまでシュプール号を利用していた蔵王方面へのスキー客が新幹線にシフトした。

スキー人口の急速な減少も、シュプール号の衰退に拍車をかけた。スキー人口は、平成5（1993）年に1770万人のピークを迎えたあと、下降の一途をたどった。スノーボードの普及により、10（1998）

年にはスキー客とあわせて１８００万人に達したが、その後は減少する一方で、25（２０１３）年のスキー・スノーボードの合計人口は７７０万人と、ピーク時の４割強の水準にまで下がっている。

さらにスキーバスの台頭も著しくなってきた。スキーバスは鉄道に比べて運賃が安く、ゲレンデに直行するので乗り換えの不便さがない。平成14（２００２）年２月の需給調整規制の撤廃以降は値下げ競争が激化し、旅行会社はスキーバスとリフト券などを組み合わせたパックツアーを企画するようになり、価格面でも鉄道の競争力は低下した。

このような状況を受け、平成13（２００１）年度以降、ＪＲ東日本、ＪＲ東海、ＪＲ九州がシュプール号の運転を終了。ＪＲ西日本は信州方面の列車の運行を継続していたが、平成17（２００５）年度で運転を終了した。平成28（２０１６）年のスキーシーズン（１～２月）にＪＲが運行したスキー客向けの臨時列車は、ＪＲ東日本が大宮～石打《いしうち》間で運転した「シーハイル上越」だけであった。

（3）シュプール号復活の可能性

平成14（２００２）年２月の規制緩和以降、旅行会社が貸切バスを使って催行する募集型の企画旅行商品が急増した。これらは従来の都市間高速バスやスキーバスと運行形態が異なることから「ツアーバス」と呼ばれ、低価格を売りに若者層のニーズを急速に取り込んでいった。しかし、需要が旺盛な高収益路線にのみ運行するクリーム・スキミング行為が行われ、既存のバス会社との競争が公平さを欠いているなど、いくつかの問題点が指摘されていた。

そのような中、平成24（２０１２）年４月に乗客45名が死傷するツアーバスの大事故が関越自動車道で発生。その後もツアーバスが関連する事故が多発したことから、国土交通省は規制の強化に乗り出し、25（２０１３）年８月に新しい高速乗合バス制度をスタートさせ、ツアーバスという形態は廃止された。

新制度では、従来のツアーバスなども乗合バスと同様に安全かつ安定的に運行することが要件とされた。具体的には、停留所の設置、自社車両を６台以上保有、便数・価格の変更届出期間の大幅短縮などが義務づけられたほか、運行距離が５００キロ（深夜は４００キロ）を超える場合は運転士を2名以上乗務させることとなった。

国土交通省によると、平成24（２０１２）年9月時点でツアーバス事業者は全国で２８６社あったが、新制度以降に運行の許可を得られたのは80社にとどまった。しかも、規制をクリアするため、運賃を2～5割程度値上げせざるを得なくなった。このようにバスの競争力が低下している現在、シュプール号復活の可能性はないだろうか。

運行距離が短いルートではバスに軍配が上がる。また前述のとおり、首都圏から東北・上越方面はJR東日本の新幹線網が充実しているため、シュプール号の必要性は低いと言える。しかし、運行距離が500キロ（*4）を超えるツアーであれば、2名以上の運転士乗務を義務づけられたバスに対する競争力は高まっていると言える。乗車時間が長くなることを逆手にとり、スキー客同士が語り合えるパブリックスペース、ビュッフェやバーなどの供食施設、用具の置場など、スキー客にとって便利で快適な車内空間を提供できれば、需要を取り込むことができるのではないだろうか。

バスと価格競争をするのではなく、鉄道ならではの快適な移動空間とサービスを提供するスキー専用の観光列車の開発が、シュプール号復活のカギになると筆者は考える。

◆　◆　◆

日本経済は、1980年代後半から1990年代初頭までバブル景気に沸き、生産年齢人口の割合も高い状況にあった。昭和62（1987）年6月にリゾート法（総合保養地域整備法）が施行されたことを受けて、地域振興の観点から観光・レジャー施設やホテルなどが各地に作られ、国内旅行は活況を呈した。一大旅行ブームの到来である。

この時期の観光列車は、ジョイフルトレインに代表されるように豪華・高級志向が強く、全車グリーン車で運転される列車も少なくなかった。新幹線でも、普通車指定席よりグリーン車や個室が先に売れる列車があったほどだ。従って、JRや大手民鉄をはじめとする鉄道事業者は、急速に拡大した観光旅客のニーズにいかに応えるかに力を注いだ。

しかし、平成3（1991）年にバブル経済が崩壊し、「失われた10年」と呼ばれる長期の平成不況に突入。消費者物価指数の低迷、企業倒産件数や完全失業率の高まりなど、日本経済は厳しい局面を迎えた。国は低金利政策で景気を刺激したが、その甲斐もなく、世の中はデフレ経済へと移行。このような経済環境の変化は、鉄道事業や観光・旅行事業にも深刻な影響を及ぼすこととなった。

さらに、2000年代に入ると少子・高齢化の影響が徐々に出始め、地方都市の過疎化や中心市街地の空洞化などの現象が進み、廃止に追い込まれる地方鉄道や宿泊・レジャー施設も見られるようになった。観光・旅行事業についても、団体から個人への旅行スタイルの変化、海外旅行の低廉化、ネット社会の進展による外出機会の減少など、マイナス要素が重なり、かつての旅行ブームとは正反対の状況を迎えることとなった。

本書で取り上げた観光列車の中には、かつての好景気を背景とした観光・旅行需要の旺盛な時代に生まれたものとは異なり、長期の不況や少子高齢化を背景として低迷が続く鉄道利用の挽回、沿線地域の交流人口拡大などを目指して誕生したものが少なくない。これらの列車には、鉄道事業者の地道な努力やさまざまなアイデアが活かされているだけでなく、沿線の自治体や企業、住民が地域の活性化を目指してその運行に協力しているケースが見られる。第2章以降では、そんな列車を主なジャンルに分けて、それぞれの概要や魅力を紹介するとともに、運行が開始された背景にも目を向けてみたいと思う

*1　当時の名古屋線は、伊勢電気鉄道・関西急行電鉄の路線として開業したこともあり、軌間１０６７ミリの狭軌であり、近鉄の主流となる大阪電気軌道・参宮急行電鉄によって建設された大阪線・山田線などの路線群は軌間１４３５ミリの標準軌であり、線路幅が異なっていた。そこで名阪間の直通客は、途中の伊勢中川で乗り換えを強いられていた。

*2　この計画の変更に対して、終点となることを期待していた鵜方の住民は4年に及ぶ鵜方以降の用地不売などの反対運動を起こした。しかし昭和３（１９２８）年6月に鳥羽～賢島～真珠港間の鉄道免許が交付され、会社が鵜方村に補償金１万円を支払うことで解決した。

*3　平成23（２０１１）年度で販売が終了している。

*4　夜行便であれば４００キロとなる。より高い競争力が発揮されるのは京阪神と信州方面を結ぶルートである。

第2章

観光資源として沿線を活性化するＳＬ列車

SL列車は、鉄道ファンだけでなく、一般の観光客にも根強い人気がある観光列車の代表的なジャンルである。国鉄がSLの営業運転を終了した昭和50（1975）年12月以前には存続を望む声が、運転終了後には復活を望む声が全国から寄せられ、公園や駅前広場、学校の校庭などにSLを静態保存する自治体が増えるなど、当時の国民にとってSLは身近な存在であった。

SLの復活運転の嚆矢は、本章で取り上げる大井川鐵道のSL急行と、国鉄からJR西日本へと引き継がれた「SLやまぐち号」であるが、1990年代から2000年代にかけても、JR北海道の「SL函館大沼号」や「SL冬の湿原号」、JR東日本の「SLばんえつ物語」や「SL銀河」、JR西日本の「SL北びわこ号」、JR九州の「SL人吉」など、JRを中心に多くのSL列車が運行されてきている。

秩父鉄道や真岡鐵道のように、地元自治体の要請などを受けてSL列車を運行している例もある。真岡鐵道は第三セクター鉄道であり、地元の茨城県下館《しもだて》市（現：筑西《ちくせい》市）などの委託により、平成6（1994）年3月に「SLもおか号」の運転を開始。25（2013）年4月には栃木県真岡市が、沿線エリアの観光振興や地域活性化を目的として、「SLの走るまち」のシンボルであるSLキューロク館を真岡駅にオープンさせている。

SL列車をめぐる新たなニュースとして、東武鉄道が平成29（2017）年夏を目途に、日

真岡鐵道「SLもおか号」の出発式

JR北海道の「SL函館大沼号」

光・鬼怒川エリアでSLの復活運転を行う計画を発表した。鬼怒川線下今市～鬼怒川温泉間で、土休日を中心に年間140日程度の運転（1日3往復程度）を予定。これにあわせて、下今市駅は昭和レトロ感のある駅舎に改修される。同社がSL復活運転の目的として掲げているのが、「鉄道産業文化遺産の復元・保存」「日光・鬼怒川地区の交流人口の増加による地域振興、ひいては栃木・福島エリアの支援活性化の一助」である（同社プレスリリースより）。

このようにSL列車は、沿線地域の貴重な観光資源と位置づけられ、地元の自治体や企業などから大きな期待が寄せられている。

1　JRによるSL列車の運行

（1）新型客車の導入を計画ーJR西日本「SLやまぐち号」

「SLやまぐち号」は、JR西日本が山口線の新山口（旧：小郡）～津和野間62・9キロで運行している臨時の快速列車で、デビューは国鉄時代の昭和54（1979）年8月であった。国鉄は昭和50（1975）年12月でSLが牽く定期旅客列車の運転を終了したが、復活を望む声が絶えなかったため、山口線で運転を再開することを決めた。沿線に転車台や給水塔があり、SLの運行や整備の経験を持つ職員が多数在籍していたこと、沿線自治体の熱心な協力体制などが、山口線が選ばれた主な理由であった。

「ＳＬやまぐち号」は、３月中旬から11月下旬まで主に週末や祝日に運転され、夏休み・ゴールデンウィークなどは毎日運転される。〃貴婦人〃の愛称を持つＣ57形１号機（*1）が客車５両を牽引して１日１往復しているが、多客期などにはＣ56形１６０号機との重連運転や客車の増結が行われる。山口線は急勾配やトンネルが多いため、使用されるＳＬには集煙装置が取りつけられていたので、Ｃ57形にも現役時代にはなかった同装置が取りつけられた（*2）。

運転開始当初から12系客車が使用され、昭和63（１９８８）年の夏に幡生《はたぶ》車両所（現：下関総合車両所）でレトロ調に改造された。窓を一段上昇窓に替え、座席を１列減らしてシートピッチを１５８０ミリから１７６０ミリに拡大し、各座席には固定式のテーブルが設置された。展望車風、欧風、昭和風、明治風、大正風の５タイプがあり、内装のデザインが異なっている。

展望車風客車は、大正12（１９２３）年製のオイテ２７０００形を参考にした。新山口寄りに展望デッキを備え、床はカーペット敷き、窓には横引きカーテンがついている。明かり取り窓のついた二段天井とし、窓の内部に照明装置を入れている。

欧風客車は、１８８０年代のオリエント急行を参考にした豪華な内装で、カーペットやカーテ

JR西日本の「SLやまぐち号」

展望車風客車の車内（H）

明治風客車の車内（H）

大正風客車の車内（H）

ン、天井は展望車風客車と同様である。座席上部に設けられたステンドグラス風の仕切りが豪華さを演出している。

昭和風客車は、昭和初期の鋼製客車を参考にした。外観はぶどう色2号に白帯の塗装で戦前の1等車のイメージ、内装は座席が緑色で3等車のイメージであった。外観にはリベット風の模様を入れ、天井にはグローブつき蛍光灯を設置した。その後、座席が茶色に変わり、荷物置き場が設置され、外観はリベット風の模様がなくなった。

明治風客車は、日本の鉄道開業当時のイギリス製客車を参考にした。座席は革張りで、窓の日よけは戦前の客車のように鎧戸とし、ランプ風の照明を設置した。

大正風客車は、大正13（１９２４）年製のナロ２０８５０形を参考にした。座席は黄緑色のさわやかな色合いで、旧2等車をベースにしているので背ずりが高い。明かり取り窓のついた二段天井で、最後部は展望デッキに改造された。

「ＳＬやまぐち号」は全車指定席で、普通乗車券と５２０円の座席指定券が必要である。どの車両に乗車しても指定席料金は同額なので、豪華な展望車風客車や欧風客車に乗ると何となく得した気分になる。

ＪＲ西日本は平成27（２０１５）年3月、「ＳＬやまぐち号」に新しい客車を導入する計画を発表した。コンセプトは「ＳＬ全盛期の雰囲気の再現」で、戦前製のマイテ49形、オハ35・オハ31の外観を再現する。利便性や快適性は現在の水準とするため、軽量のボルスタレル台車や除湿機能がついた自動温度調整の空調、温水洗浄機能つきトイレなどを導入。平成28（２０１６）年4月の障害者差別解消法（障害を理由とする差別の解消の推進に関する法律）の施行を踏まえ、車いす利用者に配慮したバリアフリー対応やベビーカー置き場も設けるという。

列車は現在と同じ5両編成となる。マイテ49形風車両がグリーン車で、座席は２＋１の３列配置となり、ＳＬの音や煙を体感してもらえるよう開放型の展望デッキが設けられる。残りの４両は全車指定席の普通車で、座席はボックスシート、窓は開閉式となり、ＳＬを学べるフリースペースを設置する。

新しい客車は、平成29（２０１７）年9月に開催される山口デスティネーションキャンペーンにあわせて登場する予定。また、現在はＣ56形がＣ57形の代替機や重連運転時などに活躍しているが、平成29（２０１７）年度以降を目標にＤ51形２００号機を代替機として使用するため、整備に着手している。

(2) 鉄道の町のシンボルとして―JR東日本「SLばんえつ物語」

「SLばんえつ物語」は、JR東日本が平成11(1999)年4月に磐越西線新津~会津若松間111・0キロで運転を開始した臨時快速のSL列車である。上越新幹線との連絡を便利にするため、14(2002)年から新潟駅発着となり、現在は新潟~会津若松間を3時間40分から4時間程度で結んでいる。

JR東日本は、鉄道の町・新津市(現:新潟市秋葉区)など地元の要請に応えて、新津市内の小学校で静態保存されていたC57形180号機を大宮工場(現:大宮総合車両センター)で修復。あわせて12系6両を専用客車として、外観の塗装や内装・床材の更新、トイレの洋式化などのリニューアルを実施した。12系の外観は、臙脂色とクリーム色の塗色の大正ロマン漂うデザインで、平成12(2000)年12月からは展望車が連結された。

平成18(2006)年10月から19(2007)年4月まで、C57形の全般検査のため運転を休止し、この間に12系の大規模リニューアルを実施。展望車両のフリースペースを拡張して50インチ大型モニターを設置し、C57形の歴史や沿線の観光案内を放映。同車両にあった売店コーナーを5号車に移設し、取扱商品を拡大。座席のシートカラーも赤色に変え、背もたれ部分を約30センチ高くして座り心地をよくした。当時の発表では、デビューから8年間で累計約45万人、年平均約５万８０００人の利用者があったとのことで、地域観光の活性化に大きく貢献してきた。

平成24（２０１２）年度には、ファミリー層など子ども連れの旅客の利用促進を図る一環として、「オコジョルーム」を試験的に導入。「ＳＬばんえつ物語」のイメージキャラクターであるオコジョ（イタチ科の動物で沿線に生息）が子どもに人気があることから、この年の６月中旬まで５号車を「オコジョルーム」としてフリースペース化し、ゲームや紙芝居、記念撮影などのイベントを実施した。

平成25（２１０３）年度には、７号車を１＋２席の回転リクライニングシートやパノラマ展望室を備えた車両にリニューアルし、復活したＳＬ列車では日本初となるグリーン車を設定した。「オコジョルーム」は好評を博したことから設定を通年化。26（２０１４）年度には１号車をリニューアルし、新たなフリースペースとして「オコジョ展望車両」が登場した。開放感のあるパノラマウィンドウを備え、車内には森をイメージしたデザインが施され、オコジョの山、オコジョの森、オコジョの原っぱの３ゾーンが並ぶ。専任のアテンダントが乗務し、子どもたちの遊び相手になってくれる。またこの年には、先にリニューアルされた７号車にあわせて全車両の塗色が統一された。深みのある朱色と茶色の組み合わせで、デビュー当時の大正ロマンを感じさせる編成イメージとなった。

JR東日本の「SLばんえつ物語」

平成12（2000）年12月に連結された展望車（旧塗色）

パノラマ展望室を備えたグリーン車

平成26（2014）年度に登場した「オコジョ展望車両」

（3）肥薩線開業100周年を記念―JR九州「SL人吉」

「SL人吉」は、JR九州が熊本～人吉間87・5キロで運行している臨時の快速列車である。3月から11月までは金・土・日曜日・祝日を中心に熊本～人吉間を1日1往復し、夏休み期間中は毎日運転する。往路は、午前中に熊本を出発して正午過ぎに人吉に到着。復路は、14時過ぎに人吉を出発し、夕方に熊本に到着する。熊本～人吉間の所要時間は約3時間である。

「SL人吉」を牽引する8620形58654号機は、肥薩線の矢岳駅前にある「人吉市SL展示館」で静態保存されていたもので、昭和63（1988）年8月にデビューした快速「SLあそBOY」の牽引機として復元された。「SLあそBOY」は、同機が50系客車の改造車3両を牽引し、豊肥本線の熊本～宮地間で運転されていた。客車はアメリカ開拓時代のイメージに改装され、展望室やビュッフェが設けられるなど観光列車としての要素を備え、人気が高かった。

8620形が人吉市に保存されていた縁から、年に数回、SLあそBOY編成による「SL人吉」が熊本～人吉間で運転されていた。しかし、平成17（2005）年3月に8620形の車軸部分に不具合が生じ、「SLあそBOY」は同8月で運転を終了した。

平成21（2009）年11月に肥薩線が開業100周年を迎えることを記念して、JR九州は8620形の修復を決定。台車枠などが新製され、同機が牽引する新しいSL列車「SL人吉」

が同年４月に運転を開始した。「ＳＬ人吉」は全車指定席で、乗車するには普通乗車券と座席指定券が必要であり、指定席料金は８２０円（こどもは半額）である。

50系も再度リニューアルされ、展望室やビュッフェは残された。ビュッフェでは、コーヒーや地ビールなどの飲み物や弁当が販売されている。座席は広いボックスシートが中心で、車両の中央にある仕切りでモケット張りの座席と本革張りの座席に分かれている。仕切りには、木製のＳＬのオブジェなどが飾られている。

熊本〜八代間は、複線電化されている鹿児島本線を、通勤電車の合間を縫って力走。新八代では新幹線からの乗り継ぎ客の姿も見られる。八代〜人吉間は球磨川に寄り添いながら走行するため、窓や展望室からは球磨川の絶景が堪能できる。

坂本駅では、地元のメーカーが焼き鯖ずしなどを販売している。また、終点の人吉では、ホームで駅弁の立売が行われ、郷愁が漂う懐かしい鉄道シーンを見ることができる。

「ＳＬ人吉」は、人吉で肥薩線の「いさぶろう・しんぺい」に接続するので、吉松方面へ向かう人に便利である。さらに「いさぶろう・しんぺい」は、吉松で特急「はやとの風」と接続する。逆ルートの各列車も接続ダイヤになっているので、観光列車を乗り継ぐ魅力的な旅が楽しめる。

JR九州の「SL人吉」

「SL人吉」の車内から手を振る乗客たち

50系客車内

展望ラウンジ

2　民鉄によるSL列車の運行

(1) SL列車のパイオニア―大井川鐵道

大井川鐵道㈱は、大井川本線の金谷～千頭《せんず》間39・5キロと、中部電力から運営を委託されている井川線の千頭～井川間25・5キロの2路線を運営している。本線は全線が直流1500ボルトの電化区間で、主に近鉄や南海から購入した電車が使用され、すべてワンマン運転である。金谷～新金谷間ではスタフ閉塞方式が用いられ、タブレット授受という郷愁溢れる鉄道シーンを見ることができる。

同社は、国鉄の「SLやまぐち号」より3年早い、昭和51(1976)年に日本で初めてSL列車の復活運転を開始した。SL急行「かわね路号」は、新金谷～千頭間で毎日1往復が運行され、休日などには2～3往復に増便されることがある。乗車するには、乗車券と800円の急行券が必要である。金谷～新金谷間ではこの列車に接続するシャトル電車が運行されているが、新金谷が始発駅となっているのは、金谷駅構内に転車台がないためである。

「かわね路号」は、旅客数に応じて3～7両の客車を牽引するが、両数が多いときは補機としてE10形やED500形などの電気機関車が最後部に連結される(*3)。「生ビール列車」などのイベント列車で展望デッキつきの客車が使用されると、補機はＳＬの次に連結される。

大井川鐵道では、旧型客車が使用されていることもあり、戦前・戦中を舞台にしたドラマや映画の撮影が行われることが多い。平成26（２０１４）年10月から平成27（２０１５）年３月まで放映されたＮＨＫの朝の連続テレビ小説『マッサン』も、駅や列車のシーンは大井川鐵道で撮影された。

大井川鐵道が設定している旅行商品に、「ＳＬで行く静岡おでんと熱燗列車の旅」がある。この地方名物の静岡おでんをＳＬが牽引するお座敷列車に乗って味わえる冬季のヒット商品で、大井川鐵道の１日乗車券がついている。

車内は火気厳禁なので、煮込んでおいた静岡おでんを出発直前に温めて列車に運び入れ、発泡スチロールの容器に入れて乗客に提供する。静岡おでんのほか、弁当と燗酒が２本ついて、代金は大人６０００円、小人４３００円だが、小人には燗酒はつかない。列車は新金谷11時50分発で、終点の千頭には13時９分に到着するので、乗車時間は１時間20分程度となる。静岡おでんの特徴は黒いだし汁と濃いめの味つけで、日本酒との相性は抜群である。それと弁当を食べていると、あっという間に千頭に到着する。

大井川鐵道では定期旅客の減少が進み、近年はＳＬ列車による観光旅客の収入が全体の９割を

大井川鐵道のC11形227号機（H）

お座敷車両の車内（H）

静岡おでんとお弁当（H）

旧型客車の車内（H）

占める構造になっていた。しかし、東日本大震災の影響で旅行需要が低迷し、平成23（2011）年度から2期連続で最終赤字を計上した。さらに、新高速乗合バス制度への移行に伴い、同社が主催するバスツアーも割高になり、25（2013）年4～12月期の団体ツアー客は、前年同期に比べて46％も減少してしまった。特に首都圏からの落ち込みが大きく、収益がさらに悪化した。そのため、平成26（2014）年3月のダイヤ改正で大井川本線の普通列車を1日14往復から9往復（うち1往復は金谷～家山間）に削減（*4）するなど、経営の合理化に努めていた。

そんな折、平成27（2015）年5月に政府系ファンドの地域経済活性化支援機構が大井川鐵道の再生支援について発表。北海道の新ひだか町でホテルを運営するエクリプス日高が新スポンサーとなり、事業を抜本的に立て直すことになった。筆頭株主の名古屋鉄道は全株式をエクリプス日高に譲渡。同社は大井川鐵道が同8月末に実施する3億円の増資を引き受け、約90％の株式を持つ筆頭株主となった。同社は支援を決めた理由として、大井川鐵道自体が地域の貴重な観光資源であることに加え、寸又峡をはじめとする温泉、ダムや吊り橋など沿線の観光資源が豊富な点を挙げている。

平成27（2015）年9月、エクリプス日高の社長である前田忍氏が大井川鐵道の社長に就任。前田氏は、複数の専門スタッフを登用してITやマーケティングなど営業部門を強化するとともに、駅舎のトイレの美化に着手し、続いてＦａｃｅｂｏｏｋを立ち上げて情報発信と利用客の声を聴く体制を整備した。さらに、駅弁を予約なしで購入できるようにしたり、イベント列車の運行を積極的に実施した。大井川鐵道の売りであるＳＬの体験運転を始めたことも特筆できる。平成28（２０１６）年３月のダイヤ改正では普通列車を増発し、運行ヘッドを短縮することで利便性を向上した。

大井川鐵道は、Ｃ11形２２７号機を改装し、平成26（２０１４）年の夏休みイベントで「きかんしゃトーマス」を運行した。これが好評だったことから、27（２０１５）年にはＣ56形44号機を改装し、「きかんしゃジェームス」を登場させた。Ｃ11形は青色、Ｃ56形は赤色に車体が塗色され、前照灯がボイラー上部から連結器付近に移設された。

客車も原作どおり、オレンジ色を基調とした明るい塗色に変わり、座席にはトーマスのキャラクターをデザインしたヘッドカバーが装着された。なお、沿線の名所などを案内する車内放送には、「きかんしゃトーマス」ではアニメ声優の比嘉久美子さん、「きかんしゃジェームス」では同じく江原正士さんの声が使われている。

「きかんしゃトーマス」の運転開始時には従来のＳＬ急行料金が適用されたが、翌年の「きかんしゃジェームス」の運転開始にあわせて「トーマス・ジェームス料金」が設定された。大人１

名が1000円と、従来より200円高くなった。

また、大井川鐵道は平成28（2016）年6月、JR北海道から同年3月まで急行「はまなす」で使用されていた14系客車4両を購入した。14系は、国鉄が昭和46（1971）年に製造を開始した優等列車用の客車で、リクライニングシートと冷暖房設備を備えている。同社は購入の目的を、「SL列車のさらなるサービス向上と、現在の旧型客車に掛かる負荷を軽減させるため」と説明している。14系は、車両の整備や乗務員訓練を経て、平成29（2017）年6月に導入される予定である。

（2）復活運転を望む地元の声に応えて—秩父鉄道

秩父鉄道㈱は、羽生《はにゅう》〜三峰口間71・7キロを結ぶ秩父本線と、武川〜熊谷貨物ターミナル駅間7・6キロを結ぶ貨物専用の三ケ尻線を運営している。全線が直流1500ボルトの電化区間で、信号も自動化されるなど、地方鉄道の中では近代化された鉄道である。

秩父鉄道は、鉄道事業以外に不動産事業や観光事業を営んでいる。観光事業では、年間200万人が訪れる観光スポット・長瀞を拠点とし、大正時代からの歴史を有する「長瀞《ながとろ》ラインくだり」などを直営している。かつてはバス事業やロープウェイ事業も展開していた。バス事業は、昭和11（1936）年4月に寄居《よりい》自動車㈱を買収して運営に乗り出し、平成8（1996）年11月に秩父鉄道観光バス㈱を設立して事業を移管。ロープウェイ事業は、昭和14（1939）年5月に三峰ロープウェイの運行を開始したが、平成19（2007）年11月末に施設の老朽化を理由に廃止している（*5）。

秩父鉄道は昭和63（1988）年3月、熊谷～三峰口間で臨時のSL列車「パレオエクスプレス」の運転を開始した。同年3月から5月まで熊谷市でさいたま博が開催されることとなり、これにあわせてSL列車の復活運転を望む声が沿線で高まり、同社がそれに応えたものである。

牽引機のC58形363号機は、埼玉県吹上町（現：鴻巣市）の吹上小学校に静態保存されていたもので、状態が良かったことから国鉄が昭和62（1987）年3月に車籍を復活させた。同年4月に国鉄が分割民営化され、同機はJR東日本高崎運転所の所属となり、JR東日本から秩父鉄道に譲渡された。客車も同様に、JR東日本が所有していたスハ43系を使用することとなった。

「パレオエクスプレス」に乗車するには、普通乗車券と510円のSL整理券が必要となる。全車自由席で運行を開始したが、利用者の指定席に対する要望を受け、平成17（2005）年に指定席車両を導入した。運賃と720円のSL座席指定券を購入すれば利用できる。SLが他社に貸し出されたり、整備中のときは、電気機関車の牽引による「パレオエクスプレス」が運転さ

秩父鉄道の「パレオエクスプレス」

12系客車の車内（H）

れ、運賃のみで乗車できる。
　スハ43系は、国鉄が終戦直後に製造した急行型客車で冷房がついておらず、老朽化も進んだことから、平成12（2000）年にJR東日本から12系客車を購入して置き換えることとした。12系は、国鉄が昭和45（1970）年に開催された大阪万博に向けて増備した急行型客車で、冷暖房設備を備え、シートピッチが広く、台車には空気ばねが使用されているので乗り心地は大幅に向上した。
　平成13（2001）年5月には、マスコットキャラクター「パレオくん」が登場。平成19（2007）年に運行開始から20周年を迎え、翌年にはマスコットキャラクターの第2弾「パレナちゃん」登場した。さらに運行開始から25周年を迎えた平成24（2012）年には、12系の外観をダークグリーンから赤茶色に塗り替え、車内をレトロ調に改造するリニューアルを実施した。

（３）ＳＬを地域活性化の起爆剤に―若桜《わかさ》鉄道

若桜鉄道㈱は、若桜線郡家《こおげ》～若桜間19・２キロを運営している第三セクター鉄道である。昭和62（１９８７）年8月に鳥取県などが出資して設立され、同10月に若桜線の経営がＪＲ西日本から同社に移管された。本社は若桜駅の駅舎内にある。

若桜鉄道は、転換交付金を原資とした運営助成基金で損失を補填しながら運営を続けたが、収支状況は改善せず、平成20（２００８）年に基金が枯渇してしまった。そこで若桜町、八頭《やず》町と同社が協議し、同年10月に改正・施行された地域公共交通活性化再生法に基づく、公有民営による上下分離経営の採用を決めた。このケースが、同法改正後の適用第1号となった。

平成21（２００９）年4月、地上設備が若桜町と八頭町に譲渡され、若桜鉄道は第二種鉄道事業者として列車の運行に専念し、地元と連携したイベントなども実施して3期連続で黒字経営を維持した。しかし、少子高齢化と過疎化の波には勝てず、24（２０１２）年度から再び赤字に転落し、26（２０１４）年度の赤字額は３１５３万円まで膨らんだ。そこで同6月、若桜鉄道は新社長の公募を実施。9月にＩＴ業界出身の山田和昭社長が就任し、経営再建に乗り出した。

平成27（２０１５）年8月、茨城県ひたちなか市で開催されたローカル鉄道サミットで、山田社長は「客単価を上げる」ことが若桜鉄道の大きな課題だと述べた。黒字経営のためには定期外の観光旅客を増やす必要があるが、路線距離が短いので、SLなどによって付加価値を高め、運賃＋αの収入を得なければならないという主旨である。筆者は平成22（2010）年に上梓した『チャレンジする地方鉄道』（交通新聞社新書）で同社を取材した際、当時の原卓也社長は「当社が他社との差別化を図るためにはSLしかない」と明言されていた。この考えは山田社長にも継承され、その取り組みにはさらに磨きが掛かってきている。

若桜鉄道とSLの縁は、平成19（2007）年8月、兵庫県多可町で静態保存されていたC12形167号機を譲り受けたことに始まる。若桜駅構内には転車台や給水塔などが残っていたので、同社はSL現役時代の風景を再現すべく、同機を整備し、路線の経営を引き継いでから20周年にあたる同10月14日に若桜駅構内で走行させた。コンプレッサーによる圧縮空気を動力としたため、徐行運転による走行となった。

平成27（2015）年4月には、SLによるイベントの効果を確認するため、沿線の自治体や企業の協力を得て、大々的な「SL走行社会実験」を実施した。若桜～八東《はっとう》間の線路を閉鎖し、往路はディーゼル機関車のDD16形7号機が3両の12系客車を牽引、復路は先頭にC12形を連結して12系3両をDD16形と挟む編成で運行した。〝機械〟として運行したため人は乗れなかったが、沿線には多くの鉄道ファンや一般の観光客が詰めかけた。

若桜鉄道の「SL走行社会実験」の模様（H）

復路はC12形が12系客車3両を牽引（H）

若桜駅構内では４～11月の毎月１回、Ｃ12形とＤＤ16形を使用した体験運転も行われている。約１４０メートルの専用線を２往復するもので、15歳以上なら誰でも参加でき、ＳＬの体験運転には指導運転士が添乗する。

さらに平成28（２０１６）年５月には、Ｃ12形をピンクに塗色して若桜駅構内を走らせる奇抜なイベントを行った。平成24（２０１２）年５月、駅名に「恋」がつく駅を有する四つの鉄道事業者が「恋駅プロジェクト」を立ち上げた。そのうちの１社が、鳥取県内にある恋山形駅を有する智頭急行㈱であった。平成25（２０１３）年６月、同駅は駅舎やベンチ、手すりなどすべてがピンク色に塗り替えられてリニューアルオープン。これが話題となって全国から夫婦やカップルが訪れるようになり、鳥取県内ではピンク色のカレーや醬油も販売されるようになった。これにあやかり、若桜鉄道もピンク色をまとうこととなった。

３　ＳＬ列車の主な成果

ＳＬ列車が観光資源として根強い人気がある理由の一つは、現代の新幹線や特急列車などにはないノスタルジックなイメージにあると考えられる。夜行寝台列車が廃止されたことで、客車列車そのものが極めて希少価値の高い存在であるうえ、それを蒸気機関車が牽引するとなれば、鉄道ファンではなくても一度は乗ってみたいと思われる人が多いのではないだろう。

また、SL列車に乗ることよりも、SL列車の写真撮影に熱心なファンが少なくない。SL列車に乗っていると、車窓から沿線でカメラを構える多くの人たちの姿を見ることができる。若桜鉄道が実施したSL走行社会実験では、列車には乗車できないにもかかわらず大勢の人が集まったが、写真撮影を目的とした人も多かったと見られる。このようにSL列車には、観光資源に不可欠な集客力が備わっている。

SL列車の復活運転を行うためには、機関車の修復や客車のリニューアル、施設の整備など大きな労力と資金を必要とし、運転を開始してからもメンテナンスなどにかかる手間は電車などよりはるかに大きい。にもかかわらず、現在でも東武鉄道のようにSL列車の復活運転に取り組むケースが見られるということは、SL列車が観光資源として大きな価値を有することを既存のSL列車が如実に示しており、沿線自治体などの地域活性化に向けた期待が大きいことの証だと考えることができる。

*1 蒸気機関車が現役時代の山口線では、Ｃ57形は使用されておらず、Ｃ58形やＤ51形、Ｄ60形などが使用されていた。

*2 集煙装置を取りつけたことで、Ｃ57形の外観は大きく損なわれたが、乗務員の労働環境改善に配慮するため、致し方ないとされた。平成15（２００３）年頃より、徐々に集煙装置を取り外した状態で運行されるようになり、やがて集煙装置を外した状態での運行が定着し、同装置は梅小路蒸気機関車館へ返却された。

*3 補助機関車を連結する条件は、牽引する蒸気機関車の機種で異なる。Ｃ11形２２７号機とＣ10形８号機は牽引する客車が５両以上、Ｃ56形44号機やＣ12形１６４号機（日本ナショナルトラスト所有）は４両以上、Ｃ11形１９０号機は６両以上になると補助機関車が必要になる。

*4 井川線では、全線運転が４往復、区間運転が３往復（１往復は季節運転）であったが、ダイヤ改正で全線４往復の運転と、区間運転１本に削減した。

*5 秩父鉄道が運営していた三峰ロープウェイと同じタイプのロープウェイは、株式の99・５％を所有する宝登《ほど》興業㈱が、現在も宝登山で宝登山ロープウェイを運営している。

第3章

車窓の素晴らしさで
旅行者を魅了する観光列車

鉄道の旅の大きな魅力の一つが車窓である。本章で取り上げる列車は、清流沿いや海沿い、湿原や山間などを通る、車窓の美しい路線で運転されているものばかりである。このようなところを通る鉄道の大半が定期旅客の少ない、いわゆるローカル線であり、観光列車がブームとなる以前から観光旅客の誘致に努力してきた事業者が少なくない。

一般路線におけるトロッコ列車運行の嚆矢は、昭和59（1984）年に国鉄が四国の予土線で運転を開始した「トロッコ清流しまんと号」である。「日本最後の清流」と呼ばれる四万十川沿いの美しい風景を、自然の風を感じながら眺められるとあって人気が高かった。車両は古い貨車を客車に転用したもので、乗り心地はあまり良くなかったが、JR四国になってから新製車両が導入されるなど改善が図られている。

現在、トロッコ列車は全国のJRや地方民鉄で運転され、その数はSL列車よりはるかに多い。第1節では、運行の歴史が比較的長い、定番というべきトロッコ列車を取り上げた。「絶景！土讃線大歩危秘境号」は新しい列車であるが、この列車を運行しているJR四国はトロッコ列車のパイオニア的存在なので加えることとした。

第2節では、海の眺望を自慢とするマリンビュー列車を取り上げた。五能線、山陰線、呉線は、いずれも風光明媚な海岸線を通る線区である。平成29（2017）年春のデビューが予定されている「トワイライトエクスプレス瑞風」の運行ルートに山陰線と呉線が含まれているのも、両線区の車窓がいかに魅力的なものであるかを示していると言えよう。一方、五能線はJR東日本が古くから観光路線として力を入れている線区であり、「リゾートしらかみ」は、旅行会社によるおすすめのローカル列車ランキングで全国1位に選ばれるほどの人気列車である。

1　トロッコ列車

(1) 野生動物にも出会える－JR北海道「くしろ湿原ノロッコ」

「くしろ湿原ノロッコ」は、JR北海道が平成元（1989）年6月から釧網本線の釧路～塘路《とうろ》間27・2キロで運行している臨時のトロッコ列車である。通常は1日1往復の運転だが、夏場は1日2往復する。秋には川湯温泉まで運転区間が延伸され、「くしろ湿原紅葉ノロッコ」として釧路～川湯温泉間を1日1往復する。

最初の編成は、DE10形がスハフ42形客車、トラ70000形貨車、ヨ3500形貨車を牽く3両編成であった。ヨ3500形貨車は国鉄時代に誕生した業務用の貨車で、主に車掌車として使用されたものである。

平成9（1997）年1月には、第52回国民体育大会にあわせて特別運転を実施するなどの活躍を見せるが、車両の老朽化は隠せなかった。そこで10（1998）年5月に旧型車両による運転を終了し、7月1日から新編成による運転を開始した。

新編成は50系客車の5両編成で、1号車はオリジナルの50系が使用された自由席車両、2～5号車はトロッコ風に改造された指定席車両である。トロッコ車両の窓枠は天井方向に拡大され、窓ガラスはない。一部の座席は車窓を楽しんでもらえるよう、釧路湿原の側に向けたベンチ席となっている。2号車にはカウンターが設けられ、乗車記念品や弁当、スイーツ、土産品などが販売されている。トロッコ車両に乗車するには、普通運賃と520円の指定券料金が必要となる。

DE10形は塘路・川湯温泉寄りに連結される。最後尾の50系には運転台が設けられており、釧路へ向かうときはここで列車を制御する。この方式はオートモーティブと呼ばれ、欧州では広く普及しているが、日本での導入は一部のトロッコ列車などに限られている。

釧網本線は、日本最大の湿原である釧路湿原を縦断するように線路が敷設されており、列車から雄大かつ美しい風景を堪能できる。また、キタキツネやエゾシカ、タンチョウなどの野生動物に出会えることもある。そのような見どころは、車内放送でていねいに紹介される。

平成11（1999）年10月からは、紅葉シーズンにあわせて釧路～川湯温泉間で「くしろ湿原

「くしろ湿原ノロッコ」(H)

トロッコ風に改造された指定席車両と最後尾に設けらた運転台(H)

紅葉ノロッコ」の運転を開始。さらに、前述の平成9（1997）年1月の特別運転が好評だったことから、JR北海道は12（2000）年1月に釧網本線釧路～標茶《しべちゃ》・川湯温泉間で「SL冬の湿原号」の運転を開始した。C11形171号機が14系客車やカフェカーを牽引するこの列車は、大手旅行会社の商品にも組み込まれており、20（2008）年8月に累計乗車人数が100万人を突破した。「くしろ湿原ノロッコ」と「SL冬の湿原号」に乗車するため、釧路を訪れる観光客も多いそうだ。

「くしろ湿原ノロッコ」は、平成27（2015）年に運行開始から25年を迎えた。観光パンフレットなどを作製して「くしろ湿原ノロッコ」をPRしてきた地元の釧路市に話を聞くと、「25年以上も続く観光列車は珍しいので、今後もPRなどの支援を続けたい」とのことで、この列車を地元の貴重な観光資源の一つと考えているようだ。

(2) 年間利用者100万人ー嵯峨野観光鉄道

嵯峨野観光鉄道㈱は、トロッコ嵯峨～トロッコ亀岡間7・3キロでトロッコ列車を運行しているJR西日本のグループ会社である。小倉山トンネルの手前まで山陰本線の下り線を、そこからトロッコ亀岡まで山陰本線の旧線を走行する。トロッコ嵐山駅は、列車の一部がトンネルの中に停車する珍しい駅である。

平成元（１９８９）年3月、山陰本線の嵯峨（現：嵯峨嵐山）～馬堀間が複線電化されることになり、既存の路線は急カーブと急勾配が連続していたので新線に切り替えられた。一方、旧線は景勝地である保津峡を通り、車窓が素晴らしいことから観光鉄道として活用する動きが起こり、平成２（１９９０）年11月に嵯峨野観光鉄道㈱が設立された。

旧線はレールやまくらぎが傷み、雑草も伸び放題であったが、整備作業が急ピッチで進められた。また、観光鉄道としての魅力を高めるため、嵯峨野観光鉄道の社長が中心となって桜の植樹など沿線の環境整備に努め、平成３（１９９１）年4月に開業を迎えた。

ＤＥ11形が5両のトロッコ客車を牽引。客車は木材運搬用の貨車を改造したもので、ＪＲ西日本に在籍していた車両を使用している。5号車は窓ガラスのない特別車両（ザ・リッチ号）。他の4両には開閉式の窓がつき、トロッコ亀岡寄りの1号車の客車は運転台を備えている。全車指定席で、運賃・料金は全区間一律の６２０円である。

通勤・通学の需要が見込めず、運賃もＪＲより割高なことから、開業初年度の利用者数は23万人程度と想定されていたが、実際はその3倍の69万人を超え、その後も右肩上がりに利用者を増やしている。冬期の2カ月間は運休するが、それでも年間の利用者数は１００万人近くに達する

嵯峨野観光鉄道のトロッコ列車（H）

トロッコ列車の車内（H）

窓ガラスのない特別車両「ザ・リッチ号」(H)

ようになり、平成21（2009）年には累計乗客数が1500万人を突破した。

利用者が多い理由として、保津川沿いの風光明媚な路線であり、沿線に嵐山・嵯峨野など多くの観光地が存在することが考えらえる。往路はトロッコ列車、復路は保津川下りの船と周遊観光を楽しむ人も多い。沿線では、春に嵯峨野観光鉄道の社員が植樹した桜が見頃を迎えるが、夏の万緑や秋の紅葉も見事でライトアップも行われる。

嵯峨野観光鉄道のおもてなし精神に富んだサービスの提供や積極的な営業活動も、この列車の人気を支えている。車窓がとりわけ美しい区間での徐行や停車サービス、乗務員による乗車記念の写真撮影サービス、観光案内のほか、ユニークな車内放送が有名である。営業活動は海外に向けても積極的に展開しており、台湾を中心とした海外からの利用者が増え、近年は外国人向けのツアー商品に組み込まれることが定番化しつつあるという。筆者は平成28（２０１６）年5月31日に乗車したが、駅周辺には外国人団体客の姿が多く見られ、車内では英語や中国語が飛び交うなど、外国人からの人気の高さが窺えた。

平成14（２００２）年11月にはイメージキャラクター「トロッキー」も登場し、嵯峨野観光鉄道は「嵐山の観光といえばトロッコ列車」と言われるほど有名になった。さらに同社は、路線全体の魅力向上を図るため、トロッコ嵯峨駅の隣接地に二つの施設をオープンした。15（２００３）年4月にオープンした「19th CENTURY HALL」（19世紀ホール）は、19世紀の科学技術や音楽芸術の発展をテーマとした展示施設で、D51形など3両のSLと、グランドピアノや大型オルガンなどを見学できる。23（２０１１）年3月にオープンした「ジオラマ京都ＪＡＰＡＮ」は、京都の鉄道路線や街並みを忠実に模した日本最大級の鉄道ジオラマであり、消防車の消火活動の再現や天体ショーが見られ、本物の電気機関車の運転台から模型をコントロールできるユニークな仕組みも取り入れている。

「19th CENTURY HALL」〈19世紀ホール〉（H）

(3) しまね景観賞を受賞—JR西日本「奥出雲おろち」

「奥出雲おろち」は、JR西日本が木次線の活性化を図る目的で、平成10(1998)年4月に運転を開始した臨時快速のトロッコ列車である。運転期間は4~11月で、金曜日・土曜日・休日を中心に木次~備後落合間60・8キロを1日1往復し、ゴールデンウィークと夏休み、紅葉シーズンなどは平日も運転される。さらに出雲方面の観光客を取り込むため、22(2010)年度から日曜を中心に備後落合行き列車の始発駅を出雲市に変更して延長運転している。「奥出雲おろち」に乗車するには、普通乗車券と520円の座席指定券が必要である。

12系を改造した2両の客車を、DE15もしくはDE10が牽引する。1両はトロッコ風のオープン客車で、床や座席には不燃化木材が使用されている。一部の座席は眺望を考慮して窓向きに設置され、照明には山小屋のランプをイメージしたデザインを施すなど、雰囲気づくりに努めている。また、片側の車掌室が運転室に改造されているので、機関車を付け替えなくても方向転換ができる。もう1両は、雨天や荒天時などに乗客が移動するための客車であり、冷暖房が完備され、座席はリクライニングシートになっている。車内販売は行われていないが、途中の亀嵩《かめだけ》駅で「そば弁当」、八川《やかわ》駅で奥出雲そばにマイタケが添えられた「トロッコ弁当」などが販売され、前日までに予約すれば木次駅で「奥出雲おろち」のオリジナル弁当が購入できる。

「奥出雲おろち」（H）

トロッコ風オープン客車の車内（H）

運転台がついたトロッコ風オープン客車の最後部（H）

「奥出雲おろち」は、平成12（2000）年度に第7回しまね景観賞の工作物・その他部門で優秀賞を受賞した。島根県は、3（1991）年12月に「ふるさと島根の景観づくり条例」を制定し、優れた景観の保全や新たな魅力ある景観を創り、育むことに力を入れている。その一環として、5（1993）年度に「しまね景観賞」を設け、魅力ある島根の景観づくりに貢献しているまちなみや建造物、活動などを表彰している。「奥出雲おろち」は、白とブルーの車体が山々の新緑や紅葉に適度に映えることだけではなく、自然や景観をゆっくり観賞できる列車そのものの存在が授賞に値すると高く評価された。

「奥出雲おろち」の人気は高く、平成16（2004）年7月に累計利用者数が10万人を突破。17（2005）年度の利用者数は、前年比1517人増の1万9770

人で過去最高を記録した。

平成19（２００７）年11月には、出雲市・雲南市・奥出雲町・飯南町・斐川《ひかわ》町の２市３町が圏域の文化・産業振興を図る目的で「出雲の國・斐伊川サミット」（*1）を発足。前述の出雲市からの延長運転はＪＲ西日本と同サミットの協議を経て実現したもので、運行経費とＰＲ経費の一部を、飯南町を除く２市２町が負担している。また同サミットは、「奥出雲おろち」のＰＲを強化するため、23（２０１１）年に一般公募を行い、同列車のマスコットキャラクター「おろっち」を導入している。

「奥出雲おろち」は、島根県外からの利用者が多く、島根県を代表する観光資源として成長している。沿線にも、松本清張の名作「砂の器」の舞台となり、駅舎内のそば屋「扇屋」でも知られる亀嵩駅、出雲そろばんの産地にあり社殿づくりの駅舎で有名な出雲横田駅、三段スイッチバックと延命水でお馴染みの出雲坂根駅など見どころが多い。

（４）大歩危《おおぼけ》・小歩危《こぼけ》を満喫―ＪＲ四国「絶景！土讃線秘境トロッコ」

「絶景！土讃線秘境トロッコ」は、ＪＲ四国が平成27（２０１５）年の春から琴平〜大歩危間54・２キロで運転している臨時のトロッコ列車である。前年まで阿波池田〜大歩危間で運転されていた「大歩危トロッコ」の区間を延長したもので、28（２０１６）年は春・秋のシーズンの土曜・休日を中心に運転された。窓ガラスがない吹き抜けのトロッコ車両（キクハ32形）とキハ１８５系の2両編成で、特製のヘッドマークを掲げている。

大歩危・小歩危は四国を代表する観光地で、四国のほぼ中央に位置し、徳島県三好市に所属する。大歩危の渓谷は、結晶片岩が2億年の年月を掛けて吉野川の激流で水蝕されてできたもので、車窓からは大理石の彫刻がそそり立つ絶景を見ることができる。春は桜、秋は紅葉が見頃を迎え、吉野川の清流に色を添える。ラフティングの名所として世界的に知られており、ゴムボートで激流下りをする人も多く、スリル満点である。大歩危は、平成26（２０１４）年3月に国の天然記念物に指定され、28（２０１６）年10月には国指定の名勝にも指定された。

大歩危・小歩危をあわせると8キロの距離になる。大歩危より下流に約３キロ行ったところが小歩危であり、大歩危よりスケールは小さい。だが奇岩怪石の妙と、小歩危砂岩片岩と称される岩肌が美しいので、魅力は大歩危片岩に劣らないと言われる。

ダイヤは、下りが琴平発9時59分、大歩危着12時2分で、上りが大歩危発14時20分、琴平着16時28分（28年秋シーズン）。全車指定席なので、運賃と５２０円の指定席料金が必要である。

大歩危・小歩危の渓谷美が楽しめる絶景スポットでは速度を落として運転するので、その美し

坪尻駅に到着した「絶景！土讃線秘境トロッコ」（H）

トロッコ車両の車内（H）

さを心ゆくまで堪能できる。また、列車は琴平を出発してしばらくすると、全国屈指の秘境駅として人気があり、スイッチバック式の駅としても知られる坪尻駅に到着する。駅が谷底にあるため、国道からは15分ほど歩かないと辿り着けない。無論、無人駅であり、周辺に集落は存在しない。列車はこの駅で10分ほど停車するので、秘境駅の雰囲気が十分に味わえ、坪尻駅到達記念の乗車証もプレゼントされる。さらに〝かかしの里〟とも呼ばれる三好市の名頃《なごろ》集落に因み、カカシが乗車してきて一緒に記念撮影ができる。

車内には記念撮影用のボードがあり、社員手づくりの沿線マップが配布されたり、地元の名産品が販売される。車掌さんによる沿線案内の車内放送も好評で、平成27（２０１５）年は５６００名以上の利用客があった。さらに28（２０１６）年には、子どもの乗客に特製記念缶バッジをプレゼント、速度を落として運転する絶景スポットに阿波池田の町並みと第１吉野川橋梁を追加、とサービスが向上した。

2　マリンビュー列車

(1) 日本海の奇岩怪石を観察―ＪＲ東日本「リゾートしらかみ」

「リゾートしらかみ」は、ＪＲ東日本が平成９（１９９７）年３月に秋田〜弘前・青森間０００・０キロ（奥羽本線・五能線経由）で運転を開始した臨時の快速列車である。秋田新幹線の開業効果を五能線にも波及させる目的で誕生した。

１日３往復の運転だが、冬季は３号と６号が運休となり、その他の列車も土曜・休日と一部の日のみの運転となる。五能線が通る日本海沿岸は、冬場は荒天になりやすいので、全区間または一部区間が運休となる日もある。

「リゾートしらかみ」は全車指定席で、利用するには乗車券と座席指定券が必要である。１号車と３号車、４号車は座席がリクライニングシートになっているが、２号車は４人がけのボックス席である。片側に廊下が設けられている構造で、セミコンパートメント風のゆったりとしたボックスシートであるため、家族連れやグループでの利用に適している。

海沿いを走る岩館〜大間越間、大戸瀬〜北金ケ沢間の一部区間や千畳敷付近では、車窓風景が美しいので徐行運転を行う。また、２号・３号・４号は千畳敷に15分間停車するので、千畳敷海

「リゾートしらかみ」青池編成（HB-E300系）

「リゾートしらかみ」橅編成（キハ40系で運行当時）

「リゾートしらかみ」くまげら編成（キハ40系）

岸を散策できる。各列車には記念スタンプが備えられ、地元の駅弁や乗車記念グッズなどの車内販売もあり、ＳｕｉｃａなどのＩＣカードも利用できる。

車内では、津軽地方に因んだイベントが行われる。1号と3号は鰺ケ沢～五所川原間を走行中の先頭車で、2号は五所川原～鰺ケ沢間を走行中の3号車イベントスペースで「津軽三味線」が実演される。また土曜・休日運行の3・4号は陸奥鶴田～川部間を走行中の先頭車で「津軽弁語り部体験」が行われる。

「リゾートしらかみ」にはキハ40系の改造車が使用されていたが、平成22（２０１０）年12月の東北新幹線新青森開業にあわせて、ＪＲ東日本が開発したハイブリッド気動車ＨＢ－Ｅ３００系が導入された。「リゾートしらかみ」には「青池」「橅《ぶな》」「くまげら」の3編成があり、現在は「青池」と「橅」にHB－E300系が、「くまげら」にはキハ40系が使用されている。

HB－E300系は、最初に4両1編成が初代の「青池」編成を置き換えて運行を開始した。ハイブリッドシステム搭載し、起動時は電気でモーターを回して走行するため、従来型の気動車よりも音が静かである。

「橅」編成は平成15（2003）年4月に導入され、23（2011）年に青池編成の中間車を転用して4両編成化された。深緑色の外観は白神山地をイメージしたもので、中間の2両はボックスシートになっていた。「橅」編成は28（2016）年7月、同7〜9月に開催された青森県・函館デスティネーションキャンペーンにあわせてHB－E300系に置き換えられた。

「くまげら」編成は、平成18（2006）年3月に3両編成で運転を開始した。2号車は、旧青池編成から転用したボックスシート車である。3号車はキハ40系の一般車両の改造車だが、リクライニングシートが導入されるなど、観光列車にふさわしい仕様になっている。

（2）車窓に広がる響灘―JR西日本「みすゞ潮騒」

「みすゞ潮彩」は、JR西日本が山陰本線等の新下関・下関〜滝部・仙崎間（最長87・1キロ）

で、主に土曜・休日に運行している臨時列車である。沿線の下関市と長門市の要望を受け、平成19（2007）年7月に運転を開始した。列車名は、長門市仙崎出身で生涯を下関市で送った童謡詩人の金子みすゞに由来している。

山陰本線の長門市～下関間は日本海（響灘）の眺望が美しいので、「みすゞ潮騒」の2号車は日本海の眺望に配慮した座席配置になっている。小串～湯玉、宇賀本郷～長門二見、黄波戸《きわど》～長門市の3区間はビュースポットに位置づけられ、列車は一時停止し、車内放送で各スポットの魅力が紹介される。これらの区間は、JR西日本が来春運転を開始する豪華寝台列車「トワイライトエクスプレス瑞風」も走る予定で、長門市駅にはそれをPRするポスターが貼られていた。

「みすゞ潮騒」は2両編成で、キハ47系の改造車を使用。1号車が自由席車両、2号車が指定席車両である。外観・内観とも、金子みすゞの生きた明治・大正時代にちなみ、アール・デコ調のデザインが施されている。

2号車の車内は、日本海の眺望を楽しんでもらうため、窓が拡大され、海側に向かってソファ型の座席が配置されている。窓下には、小さいが固定式の細長いテーブルが設けられている。山側の座席も海側を向いているが、こちらには床に固定されたテーブルが備えつけられている。売店の向かい側にある海側の指定席は、4人用のボックスシートである。2号車を利用するには、

「みすゞ潮彩」（H）

2号車の車内（H）

紙芝居上演の様子（H）

2号車の
ボックスシート（H）

車窓に広がる響灘（H）

大人520円の座席指定券が必要である。

1号車を自由席車両としているのは、地元の利用者の利便性を確保するためである。「みすゞ潮彩」は、下関～仙崎間では普通列車として運行されるため、設定がない日は同区間・同時刻に一般車両を使った普通列車が運行される。車内はセミクロスシートでモケットが交換され、トイレは洋式に改造されている。なお、車両の改造費は下関市と長門市が負担している。

2号車の売店では、エプロンに「みすゞ潮彩」と書かれたメイド服姿の販売員が弁当・飲料や携帯ストラップなどの限定グッズを販売しているが、土曜・休日のみの営業である。また2号車では、イベント用のスペースで地元のボランティアの方による紙芝居が上演されている。筆者が乗車した平成28（2016）年8月3日には、この列車の名称にもなっている「金子みすゞ」に関する内容であった。紙芝居を見るときは、海側に向いている座席を、黒いペダルを踏んでイベントスペースの方に向ければよい。紙芝居の絵は、長門市在住のイラストレーターで、「みすゞ潮騒」の外観デザインを担当した尾崎慎吾氏が描いている。

(3) 瀬戸内海の多島美に魅せられて－JR西日本「瀬戸内マリンビュー」

「瀬戸内マリンビュー」は、JR西日本が平成17（2005）年10月に広島～三原間（呉線経

「瀬戸内マリンビュー」(H)

由）で運転を開始した臨時の快速列車である。この区間は、呉線経由だと93・4キロあるが、山陽本線経由なら71・4キロとなり、通しで乗ったときの運賃は山陽本線経由で計算される。列車は、広島を出ると呉、広、安芸川尻、安浦、安芸津、竹原、忠海《ただのうみ》に停車し、終点の三原に到着する。平成18（２００６）年3月のダイヤ改正から広～三原間を各駅停車とし、定期列車としての役割も担っていたが、23（２０１１）年3月のダイヤ改正で現在の快速運転に戻されている。

車両は、前出の「みすゞ潮騒」と同様に、キハ47系の改造車が使用されている。呉線はPCまくらぎ化が進んでいることもあり、乗り心地は悪くない。2両編成で、広島寄りの1号車は指定席車両、三原寄りの2号車は自由席車両である。

指定席車両は、海側の座席が4人用のボックスシートで、山側の座席は窓を背にして海側に向けたソファ型の座席となっている。この座席には固定式の大きなテーブルが備わっており、食事をする際には便利である。窓は、瀬戸内海の眺望を十分に楽しんでもらえるよう拡大されている。照明もレトロ調の白熱電球が使用され、トンネルなどに入るとムードが漂う。

1号車指定席車両の車内とフリースペース（H）

筆者は、平成28（2016）年8月4日に「瀬戸内マリンビュー」の指定席車両に乗車した。1カ月前より満席の状態が続いていて、相当な人気だなと思っていたが、幸い「みすゞ潮騒」の取材を終えた8月3日に長門市駅で座席指定券を買うことができた。当日、広島駅を出発して、次の呉まで指定席車両の乗客は筆者を含め4名だった

2号車自由席車両の車内とフリースペース（H）

が、その次の広で胸にワッペンをつけた団体客が乗車してきて、車内は急に賑やかになった。昨日の「みすゞ潮騒」も同様だったが、指定席は鉄道ファンよりも中年以上の女性に人気があると感じた。指定席の乗客には、車掌さんから乗車記念証がプレゼントされる。

　自由席車両は、地元の利用客に配慮して設定されているもので、ロングシートが主体だが、車両の中心部にはボックスシートが、車端部には丸いすが設置されているなど、観光列車らしい設計になっていて、トイレは洋式に改造されている。

　現在は、臨時列車として土曜・休日を中心に1日1往復運行している。「瀬戸内マリンビュー」

が運転される呉線は瀬戸内海沿いを通っているので、列車を船に見立てた水色と白色を基調としたデザインとなっている。車窓風景は申し分のない素晴らしさで、JR西日本が来春に運行を開始する「トワイライトエクスプレス瑞風」が呉線を走行する理由がよく分かる。

「瀬戸内マリンビュー」では、指定席車両と自由席車両それぞれに車窓を楽しむためのフリースペースが設けられているが、売店はなく、車内販売も行われていないのが、観光列車としては惜しいところである。広島～三原間の所要時間は2時間30分程度だからニーズはあると思うので、自動販売機の設置や、区間限定でもよいので車内販売の実施を望みたい。

3　車窓が素晴らしい観光列車の主な成果

「車窓が素晴らしい」ということは、観光列車に欠かすことのできない要件の一つである。高度経済成長や人口拡大などを背景として、鉄道には安全な乗り物であるとともに、速達性や利便性、大量輸送などの機能が求められてきた。新幹線や通勤路線、都市間輸送においては、現在もその果たすべき役割は大きくは変わっていない。しかし、少子高齢化や人口減少が進展する中、地方鉄道やローカル線区には「観光列車化」という新たな生き方が求められている。

　車窓という古典的な鉄道の魅力を再評価してもらうためには、サービスやPRなどの面でさまざまな工夫が必要である。ビューポイントなどでの徐行運転や一時停車、車内放送やアテンダントによる観光案内、記念撮影やプレゼントなど、鉄道事業者はきめ細かい各種のサービスを積み重ね、観光列車の魅力向上と利用者の拡大に知恵を絞ってきた。PRの面でも、ネット時代のインフラを最大限に活用し、列車や沿線の魅力の情報発信に努めている。

　それらの成果が、近年の観光列車ブームを誘因し、次章で取り上げるグルメ列車という新たなスタイルの観光列車を生み出し、さらにはクルーズトレインという新たなジャンルの列車の登場へと結実してきていると筆者は考えている。

*1　事務局は、出雲市総合政策部政策企画課の中にある。

第4章

沿線地域の食材を活かすグルメ列車

グルメ列車は、ここ数年で急速に増加してきた新しいスタイルの観光列車である。鉄道車内における供食サービスは食堂車の形で明治時代から存在し、新幹線や特急列車などでごく普通に提供されてきた。

しかし、車両の高速化による所要時間の短縮、人々の食事スタイルの多様化、コンビニエンスストアやファストフード店の台頭などによる選択肢の拡大など、さまざまな変化を背景として食堂車の経営は困難になり、平成12（2000）年に山陽新幹線グランドひかりを最後に食堂車は日本の昼行の鉄道から姿を消した。しかし、鉄道の供食サービスに対するニーズがなくなったわけではなく、食堂車の復活を望む声は多かった。また、供食サービスを備えた豪華寝台列車は、高額ではあったが、高い人気を維持していた。

現在のグルメ列車の元祖と言えるのが、岐阜県の明知鉄道が昭和60（1985）年に運転を開始した「寒天列車」である。同社は国鉄の特定地方交通線を引き継いだ第三セクター鉄道で、厳しい経営環境の中、観光利用者の拡大を図るため、沿線の名物である寒天を列車内で提供するサービスを導入したのが始まりだった。その後、全国の地方鉄道では、沿線の味覚をテーマとしたグルメ列車が徐々に増えていった。

近年のグルメ列車の特徴は、地方鉄道だけでなく、ＪＲや大手民鉄が運行を開始するケースが増えていることだ。ＪＲ東日本は、平成25（２０１３）年10月に八戸線で東北の食材を使ったメニューを提供する「ＴＯＨＯＫＵ ＥＭＯＴＩＯＮ」の運転を開始。26（２０１４）年5月には新潟エリアの上越線・信越線等で地酒と地元食材を使った料理を提供する「越乃Ｓｈｕ＊Ｋｕｒａ」、同11月には磐越西線で福島県産のフルーツやスイーツなどを提供する「フルーティアふくしま」の運転を開始するなど、グルメ列車の導入に積極的である。

大手民鉄では、西武鉄道が平成28（２０１６）年4月に本格的なディナーコースやブランチコースを提供する「52席の至福」、近畿日本鉄道が同9月に軽食やスイーツなどを提供する「青の交響曲《シンフォニー》」の運転を開始した。「52席の至福」は池袋・西武新宿と西武秩父・本川越の間で、「青の交響曲」は大阪阿倍野橋と吉野の間で運転されているので、地方路線の利用拡大を目的とした従来のグルメ列車とは異なる、新しいタイプの列車と言うことができる。

本章で取り上げた「伊予灘ものがたり」「丹後くろまつ号」「おれんじ食堂」は、いずれも地方路線の利用拡大と沿線活性化という観点で大きく貢献している列車である。「花嫁のれん」も同様であるが、北陸新幹線の開業効果を拡大するため、従来の特急列車を観光列車化したという点が、前記の3列車とは異なる点である。

「TOHOKU EMOTION」

オープンダイニング車両

1　豪華絢爛な車内で名門旅館の味を―JR西日本「花嫁のれん」

(1) 北陸新幹線の開業効果を七尾線へ

「花嫁のれん」は、平成27（2015）年10～12月に開催された北陸デスティネーションキャンペーンにあわせて、JR西日本が同10月から金沢～和倉温泉間で運転を開始した臨時の特急列車である。同年3月の北陸新幹線金沢開業の効果を七尾線沿線に波及させるため、豪華な車内設備、食事サービスの提供など、従来の特急列車とは一線を画した強いインパクトを持つ観光特急を導入することにした。

運転日は金・土・日曜と祝日などで、金沢～和倉温泉間を1日2往復する。同区間の所要時間は1時間20分程度で、羽咋《はくい》と七尾に停車する。キハ48形の改造車を使用した2両編成で、全車普通車指定席である。1号車の定員が24名、2号車が28名とグリーン車より少ないことから、車内がいかにゆったりとした贅沢な空間であるかが想像できる。

愛称の「花嫁のれん」は、石川県を中心とする旧加賀藩のエリアに伝わる嫁入り道具の一つで、婚礼当日、花嫁は嫁ぎ先に掲げられた花嫁のれんをくぐって嫁入りしたという。そこに込められた女性の幸せを願う思いに因み、当列車の乗客に幸せになって欲しいとの思いが込められている。

(2) 食事は名門旅館・加賀屋が監修

「花嫁のれん」のデザインコンセプトは「和と美のおもてなし」で、外観には北陸の伝統工芸である輪島塗や加賀友禅をイメージした装飾が施され、鉄道車両としては珍しい優美な姿である。車内は、1号車と2号車でデザインや座席の配置などが異なっている。

1号車は北陸の温泉文化を表現したデザイン。車両の前方と後方を結ぶ通路は途中でカーブし、日本庭園の飛び石をイメージした絨毯が敷かれている。この通路の両側に2～4人用のボックス席が配置され、「桜梅の間」「撫子の間」「扇絵の間」「鉄線の間」「菊の間」「笹の間」「錦秋の間」「青の間」の各名称がつけられている。すべての座席が、紅色のモケット張りで落ち着いた雰囲気に統一されている。扇絵、鉄線、菊、笹の各間の座席は独立・回転式で、通路側に向けることができる。乗車口があるエントランス部は目に鮮やかな金沢金箔で装飾され、物販スペースと伝統工芸品展示スペースが設けられている。前者ではソフトドリンクやアルコール類、おつまみやオリジナルグッズが販売され、後者には沿線の伝統工芸作品が展示されている。

2号車は北陸の伝統文化を表現したデザインで、絨毯や天井の照明は流水をイメージしている。開放型の座席で構成され、窓向きに設置された1人席が6名分と、中央にテーブルを配置した対面2人席が3組、対面4人席が4組設置されている。座席のデザインは1号車と同様である。

車両の中央部には大型モニターを備えたイベントスペースが設けられ、週替わりの車内イベント「楽市楽座」を開催。金沢市、羽咋市、輪島市など13市町が、伝統芸能の披露や地元産品の試食・販売など、地域色に富んだイベントを実施する。出入口付近には洗面台と車いす対応のトイレが設置されている。

食事サービスは、運行される時間帯によって内容が異なる。金沢発10時15分の1号と14時15分発の3号では「スイーツセット」、和倉温泉発12時7分の2号では「和軽食セット」、同16時30分の4号では「ほろよいセット」が提供される。「和軽食セット」と「ほろよいセット」は、和倉温泉の名門旅館である加賀屋の総料理長が監修している。

筆者は平成28（2016）年9月17日（土）の4号の「錦秋の間」に乗車し、和惣菜と純米吟醸酒にお茶がついた「ほろよいセット」を味わった。加賀友禅に彩られた豪華絢爛な車内で、着物姿の添乗スタッフのサービスを受け、まさにほろよい気分であった。

「花嫁のれん」

1号車の車内

2号車の対面4人席

2号車の1人席

「ほろよいセット」(H)

2　交流人口拡大の起爆剤として－ＪＲ四国「伊予灘ものがたり」

（1）ＪＲ四国のあゆみ

ＪＲ四国は、ＪＲ旅客6社の中で最も規模が小さく、四国には100万人都市がないことなどから、会社発足当初は鉄道路線がすべて赤字であり、唯一の黒字路線が高速バスの松山～高知線だけであった。

昭和63（1988）年4月の瀬戸大橋の開通で本州～四国間の交流人口が拡大し、鉄道輸送量は顕著な伸びを見せたが、同時に本四架橋は四国内の高速道路整備を進展させることとなった。平成10（1998）年の明石海峡大橋の開通後は、四国各地と京阪神方面を結ぶ高速バス路線が多数開設され、瀬戸大橋線の利用者が減少するとともに、自動車交通との競争が一層激化することになった。

同社は、世界初の振子式気動車となった2000系や同車両をグレードアップさせたN2000系などの開発、電化や線路改良などに取り組み、予讃線、土讃線、高徳線などの主要線区のスピードアップを実現して競争力を強化。平成16（2004）年には、現在の同社の看板列車となっているアンパンマン列車を投入。ソフト面でも、新幹線との乗り継ぎに便利でお得な企

アンパンマン列車

8600系特急「いしづち」

画きっぷを発売するなど、輸送量の維持・拡大に全力を注いだ。一方、高速バス事業についても、平成16（2004）年にジェイアール四国バス㈱を設立。鉄道事業に次ぐ主力事業としてサービス向上や路線の充実に取り組んできた。

しかし、国の高速道路料金値下げの政策が再び大きな打撃を与えることとなり、鉄道・バスともに輸送量が減少。同社は普通列車のワンマン運転を拡大させるなど、安全・安定輸送を前提としたコスト削減にもさらに力を入れるようになった。

その後、国の支援措置が講じられたことなどにより、同社は平成26（2014）年6月、特急では20年ぶりとなる新型車両8600系の営業運転を開始。その翌月、観光グルメ列車「伊予灘ものがたり」をデビューさせた。

(2) 地元の料理店などが食事を調製

「伊予灘ものがたり」は、予讃線松山～伊予大洲・八幡浜（伊予長浜駅経由）間で、土日・祝日を中心に年間120日程度運転されている。1日に松山～伊予大洲間と松山～八幡浜間各1往復の列車が設定される。

ＪＲ四国が新たな観光列車を導入した背景には、平成26（2014）年が道後温泉本館改築

「伊予灘ものがたり」

2号車「黄金の章」の車内

120周年、四国八十八ヶ所霊場開創1200年、瀬戸内海国立公園指定80周年という節目の年にあたっていたことがある。この機会を交流人口の拡大に結びつけるため、同社や沿線地域にとって何らかの起爆剤が必要だった。その一環として、同列車の運転開始に先立ち、伊予市〜伊予大洲間には「愛ある伊予灘線」の愛称がつけられた。

「伊予灘ものがたり」は2両編成で、キハ47系の改造車を使用。コンセプトは「レトロモダン」で、1号車「茜の章」の外観は伊予灘の夕焼けをイメージした茜色、2号車「黄金の章」は愛媛の柑橘類と太陽をイメージした黄金色である。車内には、海側には窓に向いたソファ、山側には対面型のソファが一列ずつ設けられ、すべての乗客が伊予灘の車窓を楽しめるよう、山側のソファは海側のソファより少し高くなっている。両側のソファとも圧迫感のない丸みを帯びたデザインで、背もたれは少し低くなっている。2両ともグリーン車なので、乗車するには運賃とグリーン料金が必要である。

車内では、一列車に3〜4人乗車するアテンダントにより、飲食物の提供や観光案内など、さまざまなサービスが受けられる。アテンダントは、香川県のホテルや大分・湯布院の旅館で研修を受けており、食事のテーブルセットなどにもその成果が表れていると感じた。五郎駅では狸に扮した人たちが手を振ってくれたり、上灘駅では地域の特産物などが販売されるなど、沿線住民

上灘駅における特産物の販売（H）

の人たちも手厚く歓迎してくれる。

列車には、それぞれ別称（ものがたり名称）がついている。松山8時26分発・伊予大洲10時28分着の列車が「大洲編」、伊予大洲10時51分発・松山13時12分着が「双海編」、松山13時28分発・八幡浜15時52分着が「八幡浜編」、八幡浜16時6分発・松山18時6分着が「道後編」である。そして、「大洲編」では朝食、「双海編」と「八幡浜編」では昼食、「道後編」ではアフタヌーンティーと、列車によって内容の異なる食事が提供される。

食事は事前予約制で、料金は朝食が２５００円、昼食が４５００円、アフタヌーンティーが３０００円である。このほか、ケーキセットなどが車内で注文できる。各料理には地元の食材がふんだんに使われ、季節によってメニューが変わる。筆者は平成28（２０１６）

年5月に「双海編」に乗車した。料理は内子の料理店が調製した和洋折衷のメニューで、筍や初ガツオなどの旬の食材が使用され、季節感を演出していた。食器も、愛媛県伝統の砥部《とべ》焼や内子産の杉を使用した容器が使用されていた。料理の準備などは、2号車にある厨房を兼ねたダイニングバーで行われる。ここではソフトドリンクやアルコール類、沿線地域の銘菓などが販売されている。

旬の食材が使用された昼食（H）

美しい車窓が料理の味を引き立てる

伊予灘の車窓を満喫

平成28（2016）年度から、利用者の要望に応じて、映画「男はつらいよ」の舞台となった下灘駅の停車時間が延長され、ホームに降りて過ごすことが可能になった。目の前には見渡す限り、瀬戸内海の青い海が広がり、鉄道写真の撮影スポットとしても有名である。昼間の眺望も素晴らしいが、伊予灘に沈む夕日はまさに絶景である。

利用者の「伊予灘ものがたり」に対する評価は高く、日本経済新聞が平成27（2015）年8月に行った調査では、おすすめの観光列車ベスト10の第1位に選ばれた。同列車を目玉としたパックツアーも販売されていて、平均乗車率は9割と高い人気を誇っている。

3　地元料理をコースで堪能―京都丹後鉄道「丹後くろまつ号」

(1) 京都丹後鉄道の誕生

京都丹後鉄道の前身である北近畿タンゴ鉄道は、宮津〜福知山間の宮福線30・4キロと西舞鶴〜豊岡間の宮津線83・6キロを運営する第三セクター鉄道であった。宮福線は国鉄の分割民営化の影響で工事が中断され、地元が第三セクター方式による開業を望んだことから、昭和57（1982）年9月に同社の前身である㈱宮福鉄道が設立された。さらに宮津線が地方交通線の廃止対象になると、地元は同線も宮福鉄道の路線として存続する道を選び、平成2（1990）年4月にJR西日本から北近畿タンゴ鉄道に移管された。当初から厳しい経営を強いられていたが、少子高齢化や過疎化の進展がそれに拍車をかけていた。

京都府及び沿線市町、JR西日本や有識者をメンバーとする検討会を経て上下分離経営の導入が決まり、平成25（2013）年10月に新たな運営事業者の募集を開始。高速バス運行会社のグループ会社であるWILLER ALLIANCE㈱が設立したWILLER TRAINS㈱が選ばれ、平成27（2015）年4月、同社による京都丹後鉄道の運営がスタートした。宮津線は宮豊線（宮津〜豊岡間）と宮舞線（宮津〜西舞鶴間）に分割され、従来の宮福線とあわせて3路線体制となった。

筆者は平成28（2016）年8月、WILLER TRAINS㈱の常務取締役である寒竹聖一氏とテレビ会議による会談の機会を得た。まず、観光列車についてお聞きすると、「観光列車による収入は全体の1～2％に過ぎないが、沿線の自治体や住民の皆さんが地域の活性化に大変熱心であり、当社も一緒に取り組む観点から運行を行っている」という。また、「京丹後地区には埋もれている優れた観光資源がたくさんあるので、それを広く知っていただくことで交流人口の拡大につなげ、地域の皆さんに元気になってもらいたい」と述べられた。同社のそのような経営姿勢が理解され、同社のイベントなどには沿線5市2町の自治体が積極的に協力しているという。

今後の取り組みについては、「地域づくり、街づくりに大きな役割を果たしていきたい。その一環として、地元のバス会社とのネットワークを構築するなど、地域の魅力を広く情報発信する方策を講じたい。また、地域観光の新たなインフラとしてレンタサイクルを実施したい」などの抱負を述べられた。

同社は現在、「丹後あかまつ号」「丹後あおまつ号」「丹後くろまつ号」の各観光列車を運行している。中でも「丹後くろまつ号」は、『「海の京都」の走るダイニングルーム』をコンセプトとしたグルメ列車である。

(2) 眺望プラス食事の満ち足りた旅

北近畿タンゴ鉄道は、ＪＲ西日本から宮津線の経営を引き継ぐにあたり、気動車ＫＴＲ７００形と同８００形（計12両）を導入。平成15（２０１３）年、このうちの2両をリニューアルし、4月に観光列車「丹後あかまつ号」「丹後あおまつ号」として運転を開始した。現在の京都丹後鉄道でも、運行区間や時刻は季節によって異なるが、「丹後あかまつ号」は宮豊線と宮舞線、「丹後あおまつ号」は宮舞線と宮福線で運行されている。

車窓を売りとした眺望列車で、宮津市の景勝地として知られる奈具海岸での一時停車や由良川橋梁での徐行運転などを実施。車内は日本海の白砂青松を象徴する「松」をモチーフとしたデザインで、アテンダントが観光案内などを行う。「丹後あかまつ号」の外観は臙脂色で全車定員予約制の自由席、「丹後あおまつ号」の外観は群青色で全車自由席である。この二つの観光列車が好評を博したことから、さらに1両をリニューアルし、平成26（２０１４）年5月に食事サービスを提供する「丹後くろまつ号」の運転を開始した。この列車は食事がセットになった完全予約制で、時刻表などには掲載されない企画列車である。

「丹後くろまつ号」の外観は黒色で、車内デザインは前2列車を踏襲し、キッチンカウンターを備えている。料理は始発駅や途中駅で積み込まれるので、ここで調理は行われないが、ソフト

「丹後くろまつ号」（H）

キッチンカウンター（H）

ドリンク・アルコール類やスイーツなどはここから提供される。

筆者は、平成28(2016)年4月24日、豊岡16時5分発の「丹後のこだわり味わいコース～YOKUBARI～」に乗車した。豊岡を発車すると、まず無農薬のコウノトリ大豆を使ったおぼろ豆腐が米糀と北村ワサビを添えて提供された。久美浜や網野では長めの停車時間があり、久美浜では地魚のアラを使って炊かれた「漁師汁」が、網野では「丹後ばら寿司と長寿のとり合わせ9品」が提供された。後者は、季節の魚や野菜を使った料理と丹後の郷土料理である丹後ばら寿司が、木製ケースに収められた9枚の小皿に盛られていた。見た目にも季節感のある料理で、長寿者が多い京丹後市が製作した「長寿食レシピ集」をもとに作られている。最後に網野を発車すると、「智恵の餅～四軒茶屋食べ比べ～」が提供された。この列車限定のデザートで、4種類の餅がセットになっている。さらには、与謝野町特産品の「ちりめん」のお土産までついていた。

こうして豊岡～天橋立間、約2時間15分の満ち足りた旅を終えた。いずれの料理も盛りつけや器などにまで趣向が凝らされ、生産者の熱い想いが伝わってくるようであった。アテンダントのサービスも行き届いたもので、7800円の料金が安く感じられた。「丹後くろまつ号」では、コースメニューのように料理が順番に提供されるので、車内で過ごす時間の自由度が高まると感じた。このようなスタイルのグルメ列車には、前節で紹介した「伊予灘ものがたり」や、秋田内陸縦貫鉄道の「ごっつお玉手箱列車」(*2)などがある。

「丹後くろまつ号」も運行区間や時刻は季節によって異なり、平成28(2016)年1月からは、「スイーツコース～BETSUBARA～」(5000円／豊岡発10時8分・天橋立着11時55分)、「ランチコース～MANPUKU～」(9200円／天橋立発12時24分・豊岡着14時56分)、「地酒コース～TASHINAMI～」(7000円／豊岡発17時15分・天橋立着18時21分)の3コースが運転されている。運転日はいずれも金・土・日曜と祝日である。

無農薬のコウノトリ大豆を使ったおぼろ豆腐(H)

「丹後ばら寿司と長寿のとり合わせ9品」(H)

4　朝食からディナーまで―肥薩おれんじ鉄道「おれんじ食堂」

(1)　肥薩おれんじ鉄道の成り立ち

㈱肥薩おれんじ鉄道は、平成16（2004）年3月の九州新幹線新八代～鹿児島中央間の開業に伴い、並行在来線となった鹿児島本線八代《やつしろ》～川内《せんだい》間の運営を担うために設立された第三セクター鉄道である。鹿児島県と熊本県に跨る路線なので、二つの第三セクター鉄道に分離されても不思議ではなかったが、鹿児島県側に車両基地がないなどの理由から一つの第三セクター鉄道となった。同社にはJR貨物も出資している。

八代～川内間の路線長は116・9キロあり、同社は九州内ではJR九州の次に長い路線を有している。平成18（2006）年4月に北海道ちほく高原鉄道が廃止されてから、平成22（2010）年12月に東北新幹線八戸～新青森間が開業して並行在来線の目時《めとき》～青森間121・9キロが青い森鉄道に移管されるまでは、日本最長の第三セクター鉄道でもあった。

全線が交流2万ボルトの電化区間だが、すべての列車を電車よりコストが安い気動車で運行している。架線や変電所などの電化設備は肥薩おれんじ鉄道が所有しているので、JR貨物は同社に施設使用料を支払っている。

「おれんじ食堂」（(株）肥薩おれんじ鉄道提供）

肥薩おれんじ鉄道は、経営の活路を九州新幹線への接続と沿線住民の利便性向上に求めた。少子高齢化や過疎化の進展、高速道路の延伸などの影響で、肥薩おれんじ鉄道が生き残るためには、沿線住民の潜在的な需要を掘り起こすとともに、外部から観光客を誘致する必要があった。生活路線と観光路線の両面の取り組みが求められたのである。

生活路線としては、ＪＲ線に乗り入れ、熊本・鹿児島の両県庁所在地に直通することに取り組み、平成20（２００８）年のダイヤ改正から土・休日などに、出水《いずみ》～熊本間で快速「スーパーおれんじ」、出水～鹿児島中央間で快速「オーシャンライナーさつま」の運転を開始（*1）。一方、観光路線としては、グルメ列車の「おれんじ食堂」と「おれんじカフェ」の運転を開始した。

（2）運行区間・時刻に応じて異なる食事を提供

平成25（2013）年3月に新八代〜川内間で運転を開始した「おれんじ食堂」は、同社初の全車指定席の列車である。コンセプトは「ゆったり、のんびりとしたスローライフな旅を楽しむ」であり、沿線の水俣地域の振興事業の一つと位置づけられている。

新八代を出ると、八代、日奈久温泉、佐敷、津奈木、新水俣、水俣、出水、阿久根、薩摩高城、川内に停車する。運転日は毎週金・土・日曜と祝日のほか、ゴールデンウィーク、夏休み・冬休み・春休みは毎日運転され、1年間の運転日は215日にもなる。

車両は、既存の気動車を改造したダイニングカーとリビングカーの2両編成。ダイニングカーはツアー専用車両なので旅行商品を購入しないと乗車できないが、リビングカーは指定席車両なので運賃と1400円の座席指定券を購入すれば乗車できる。

景色が美しい区間での徐行運転や一時停止のサービスはもちろん、車内ではパーサーやアテンダントによる観光案内、乗車記念パスポートのプレゼント、子どもに制服を貸し出しての記念写真サービスのほか、一部の列車では沿線出身のアーティストによる生演奏や不定期のサプライズイベントも実施される。車内販売では、ソフトドリンクや沿線の地酒、ワイン、カクテルなどのアルコール類、オリジナルグッズなどを扱っている。

主要駅では、停車時間中に地元の人たちによるマルシェが開かれ、沿線各地の名産品の試食やお土産が購入できる。乗客は居ながらにして各地の味覚や物産を楽しめ、地元にもお金が落ちるので活性化に貢献している。

車窓からの美しい景色を楽しみながら、沿線の特産品を使った料理やデザートを賞味できる。出発すると、ウェルカムドリンクのサービスに始まり、コーヒーとお菓子が振る舞われる。メニューは、グルメ雑誌「食楽」を発行している徳間書店と提携している。弁当などの食品を持ち込むこともできるが、列車内で提供された料理やデザートの持ち帰りは、食品衛生上の理由からできない。ビュッフェで自由配布されるクッキーなどのお菓子は持ち帰り可能である。

運転開始当初は、新八代発・川内行きの「おれんじ食堂1号・3号」と、川内発・新八代行きの「おれんじ食堂2号」が設定され、「おれんじ食堂3号」は川内行きとなる日と出水止まりになる日があった。

平成26（２０１４）年3月のダイヤ改正では、1号は出水発・川内行きと運転区間が短縮され、朝食列車としてＢＲＥＡＫＦＡＳＴ《ブレックファスト》の愛称がつけられた。2号は川内発・新八代行きのままで昼食列車となり、愛称はＳＰＥＣＩＡＬ《スペシャル》となった。3号は夕食列車の位置づけで、新八代～出水間で運転される日はＳＷＥＥＴＳ《スウィーツ》、出水～川内間で運転される日はＳＩＮＦＯＮＩＡ《シンフォニア》、新八代

～川内間で運転される日はＭＥ《メ》ＧＵ《グ》ＭＩ《ミ》の愛称がつけられ、新たに薩摩高城にも停車するようになった。

平成27（２０１５）年3月のダイヤ改正では、運転区間と時刻が大幅に変更され、1日3便から4便に増発された。1便は出水～新八代間で「ブレックファスト」、2便は新八代～川内間で「スペシャルランチ」、3便は、前半の川内～出水間は「ライトミール」として軽食か昼食を選択でき、後半の出水～新八代間では「サンセットディナー」、川内～新八代の全区間では「クルージングディナー」と、乗車区間によって味わえるメニューが多彩になった。

新たに登場した4便の愛称は「おれんじバー」で、金曜日の仕

「おれんじ食堂」の車内（H）

「おれんじバー」で提供されたおつまみ（H）

事帰りの人を対象にした新八代発・出水行きの列車として運転されている。車内では、アルコール類を含むワンコインドリンクとおつまみが提供される。筆者は平成27（2015）年10月23日、この4号に乗車してみた。ドリンクカウンターのある1号車に案内されたが、乗客はあまり多くなかった。また、日が暮れてしまうと有明海の眺望も楽しめないので、秋・冬のシーズンはお酒を楽しむためだけの列車になってしまうところが惜しい気がした。

(3)「おれんじカフェ」と「ゆうゆうトレイン」

肥薩おれんじ鉄道では、「おれんじ食堂」とは別に、団体専用の貸切列車「おれんじカフェ」を平成25（2013）年8月より運行している。車体にキャラクターのラッピングが施され、車内にテーブルなどが設えられた一般車両が使用され、定期列車に増結する形で八代～出水～川内間で運行されている。

貸切料金は片道約6万円で、ソフトドリンクがつくほか、客室乗務員による観光地ガイドや乗車証明書のプレゼント、子どもを対象とした写真撮影サービスもある。食事は別料金となり、1800円、3000円、3800円の三つのグレードの特製弁当が用意されている。1名当たりに換算すると費用が安価なことで、各種のパーティーやイベント、ミニコンサートなどに活用されている。予約は、乗車日の1週間前まで受け付けている。

さらに平成27（2015）年3月のダイヤ改正で、「ゆうゆうトレイン」の運転を開始した。有明海を一望できる美しい車窓を売りとした列車で、ダイヤにゆとりのある土休日に限り、八代〜出水間65・6キロを片道約2時間30分かけて運転されている。平均時速35キロというのんびり列車で、美しい有明海がじっくりと眺められるので、利用者から好評であるという。平成28（2016）年4月から、肥薩おれんじ鉄道線にはJR九州の超豪華クルーズトレイン「ななつ星 in 九州」が乗り入れるようになったが、それほどに価値のある素晴らしい車窓と言うことができる。

5 グルメ列車の主な成果

グルメ列車の運行には、車内で食事をしてもらうための設備、飲食物や食器などの積み込み・積み下ろしとその管理、配膳に要する人手など、他の観光列車に比べて手間と費用がかかる。列車内で調理をする場合はなおさらである。それを賄うために運賃＋料金＋αの価格設定が必要となるが、利用者を確保するためにはあまり高額な設定もできず、事業者としては悩ましいところである。

しかし、グルメ列車では乗車して食事をすることが主目的となるので、利用者の乗車距離は必然的に長くなり、一人当たりの売り上げは増える。定期利用の減少をカバーするまでには至っていないが、これまで鉄道にあまり縁のなかった人々の関心を引きつけ、新たな利用者層を開拓している点は、事業者にとっては収入増に、沿線地域にとっては交流人口の拡大につながる大きな成果である。

また、グルメ列車の多くは「地産地消」の考え方のもと、沿線地域の味覚を積極的に取り入れていることから、地元の農業・漁業等の生産者や料理や地酒等の調整事業者等の収益拡大にも貢献している。筆者はこの点が、地域における鉄道の価値向上につながる重要な要素であると考えている。

地方自治体は地元の鉄道を維持するため、国の制度を活用しつつ、事業者や沿線企業などと協力してさまざまな施策に取り組んでいる。観光列車の運行に対しては、利用者が増えることによる鉄道の採算性向上と、交流人口の拡大による地域経済の活性化などが期待されているが、地元を訪れる人が増えても、それによってどの程度の経済効果がもたらされるかについては未知数な面もある。

この点で、グルメ列車が地域にもたらす経済効果は、より確実かつ直接的なものと言うことができる。仮にその鉄道の事業収支が赤字であっても、それを補って余りある経済効果がもたらされれば、その鉄道は地域にとって必要不可欠な交通機関と認識されることになる。このようにグルメ列車の運行は、鉄道そのものの価値を高め、ローカル線の維持・存続のための重要なファクターになると考えられる。

*1　上りの鹿児島中央発の新八代行き「オーシャンライナーさつま4号」は、肥薩おれんじ鉄道経由の旅客列車で最長の169キロの距離を走る。この列車は、鹿児島中央〜阿久根間は快速運転を実施するが、阿久根〜新八代間は各駅に停車する。

*2　秋田内陸縦貫鉄道沿線のお母さん方が、手作りの料理やデザートを持って列車に乗り込んで、お客さんに提供する企画列車であり、冬場の農閑期に実施される。

第5章

鉄道旅行を革新する
JR九州のD&S列車

平成28（２０１６）年10月25日、ＪＲ九州が東証一部に株式を上場した。会社発足から約30年、本州3社に続くＪＲ４社目の上場となったが、本州3社との企業規模や経営環境の違いなどを考えると、同社の不断の経営努力が結実したものとして感慨深いものがある。

第4章で取り上げたＪＲ四国と同様、ＪＲ九州も会社発足当初から厳しい経営となることが予想されていた。九州新幹線はまだ開業しておらず、最大のマーケットである福岡都市圏には、日本最大のバス会社で鉄道も運営する西日本鉄道という強力なライバルが存在した。

ＪＲ九州は、新型車両の導入や駅のリニューアル、線路設備の増強などで都市圏・都市間輸送サービスの向上を図るとともに、ローカル線の活性化策として観光列車の運行に取り組んだ。各列車のテーマや観光目的などを明確に打ち出すという、国鉄時代のジョイフルトレインとは一線を画した戦略で、その最初が昭和63（１９８８）年に運転を開始した特急「オランダ村特急」とＳＬ列車の快速「あそＢＯＹ」であった。これらの列車が好評であったことから、平成元（１９８９）年に「ゆふいんの森」を登場させた。

平成16（２００４）年に九州新幹線新八代〜鹿児島中央間が開業すると、同社は新幹線のフィーダー輸送の形で南九州エリアに複数の観光列車を設定。平成23（２０１１）年に九州新幹線が博多まで全通すると、さらに多くの観光列車が登場することとなった。

現在、ＪＲ九州は観光列車の総称として「Ｄ＆Ｓ列車（デザイン＆ストーリー列車）」というネーミングを用いている。そのコンセプトは「デザインと物語のある列車で九州を楽しむ」である。本章では、同社が運転している六つのＤ＆Ｓ列車を取り上げ、その歩みと成果を概観してみたい。

1　外国人観光客にも人気—「ゆふいんの森」

「ゆふいんの森」は、ＪＲ九州が平成元（１９８９）年３月に博多〜別府間（久大線経由）で運転を開始した臨時の特急列車である。久大線で最初の特急列車であり、当初は１日１往復が設定され、車両はキハ58系・キハ65系を改造したキハ71系が投入された。

運転開始当初から女性客を中心に人気を博したことから、平成２（１９９０）年４月にキハ58系の改造車１両を投入して４両編成に増強。４（１９９２）年７月にキハ１８３系の改造車が増備されて１日２往復体制となり、平成11（１９９９）年３月のダイヤ改正で１８３系が特急「シーボルト」として大村線に転出し、キハ72系の新造車が投入された。このような経緯から、キハ71系を「ゆふいんの森Ⅰ世」、キハ１８３系を「同Ⅱ世」、キハ72系を「同Ⅲ世」と呼ぶことがある。

キハ71系は、全車両が床を60センチ高くしたハイデッカー構造で、外観は1930年代のドイツの流線型気動車を彷彿とさせる。先頭部はレトロ感覚の曲線美で構成された非貫通構造で、前面窓は上下2段に配置され、下の窓の部分に運転台がある。

車内は、床が難燃性の木製材料を使用したフローリング仕上げで、インアーム式のテーブルを備えたリクライニングシートが960ミリの間隔で配置された。フットレストもグリーン車並みの立派なつくりであったが、現在はTバー型の簡素なタイプに置き換えられている。照明器具やカーテン金具、荷棚などに金メッキの装飾が施され、木目調の床やシックなカラーのシートカバーなどと相まって豪華な空間を演出していた。

運行開始当時の車内

由布岳をバックに走行する「ゆふいんの森」（キハ71系）

キハ72系は、外観のカラーや形状などはキハ71系をほぼ踏襲しているが、窓は1座席ごとに独立した小型のものに変わった。また、キハ71系では車両間を移動する際は客室と通路との昇り降りが必要であったが、キハ72系では客室間をつなぐ橋のような通路が設置されて移動がスムーズになり、ワゴン販売も可能になった。

車内は、床や天井、連結部の壁など随所に木製材料が使われている点はキハ71系と同じだが、照明やシートの色合いなどから明るくモダンな雰囲気に変わった。座席は従来と同じインアーム式のテーブルを備えたリクライニングシートで、フットレストはついていないが、シートピッチが１０００ミリに広がった。

設備面では、３号車にボックスシートとビュッフェがある。ボックスシートは４人用のコンパートメントが4組設けられ、それぞれ折り畳み式の大型テーブルを備えている。ビュッフェでは飲み物、弁当類と軽食、スイーツやオリジナルグッズを販売。主に売店として機能しているようだが、窓側にはカウンターが設置されている。また、女性客が多いことから、洗面台を独立させた女性専用トイレを設けるなど、サニタリーも充実させた。

一方、キハ71系も平成15(2003)年にリニューアルが行われ、エンジンなどが交換されて乗り心地が向上するとともに、売店兼用のビュッフェやサロンスペースが新たに設けられた。

「ゆふいんの森」は現在、1日に博多〜別府間1往復、博多〜由布院間2往復の計3往復が毎日運転されている。車両は、博多〜由布院間の2往復がキハ72系、博多〜別府間の1往復がキハ71系を使用。所要時間は博多〜別府間が3時間10分程度、博多〜由布院間が2時間10分程度である。デビュー以来、全車普通車指定席であり、平成13(2001)年3月のダイヤ改正で自由席車1両が試験的に導入されたが、混雑が激しくなり、同7月に全車座席指定に戻された。

「ゆふいんの森」はもともと人気の高い列車であるが、近年は外国人旅行客の増加が顕著であるという。筆者が乗車した平成28(2016)年7月19日も外国人の乗客が多く、隣の席には韓国からの留学生が座っていた。その理由はひとえに温泉地の人気にあるようで、楽天トラベルが2015年に行った「外国人に人気の温泉地ランキング」によると、由布院温泉は山梨県の河口

キハ72系増備車の車内

キハ72系増備車に設けられた荷物置き場

キハ72系連結部のブリッジ（H）

湖温泉に次いで第2位、別府温泉が第6位に入っていた。由布院や別府の温泉と、それを取り巻く自然景観や街並み、味覚などが、訪日外国人旅客にとっても魅力的なのだと思う。

JR九州では、このような外国人旅行客の需要の高まりに応えて、平成26（2014）年12月に「ゆふいんの森」全車両でWi－Fi利用を可能とし、27（2015）年7月にはキハ72系を1両増備して5両編成に増強している。

2　日本三大車窓を楽しむ－「いさぶろう・しんぺい」

「いさぶろう・しんぺい」は、JR九州が熊本～吉松間122・5キロ（鹿児島本線・肥薩線経由）と人吉～吉松間35・0キロで運行している普通列車である。急峻な矢岳峠を越えるため、この区間には33‰の急勾配、スイッチバックやループ線があり、車窓が日本三大車窓の一つに数えられるほどの美しさなので、鉄道ファンや一般旅行者にとっても魅力的な列車である。

JR九州は平成8（1996）年3月、肥薩線人吉～吉松間の活性化を図るため、同区間で1日4往復あった普通列車1往復の下りに「いさぶろう」、上りに「しんぺい」の愛称をつけ、車内をリニューアルした車両を投入した。この愛称は、人吉～吉松間の建設当時に逓信大臣だった

いさぶろう・しんぺい

山縣伊三郎と、開業当時の鉄道院総裁であった後藤新平に由来している。

平成16（２００４）年3月、九州新幹線新八代〜鹿児島中央間の開業にあわせてキハ１４０形を投入。JR九州は、新幹線開業にあわせて鹿児島中央〜吉松間で観光特急「はやとの風」の運行を開始し、「いさぶろう・しんぺい」は「はやとの風」との接続を考慮したダイヤで運行されることとなる。これで利用者がさらに増え、同10月から通年2両編成となり、客室乗務員による車内販売と検札を開始した。

平成21（２００９）年7月からは、「SL人吉」の運転日などにあわせて3両編成による運転が開始された。「いさぶろう・しんぺい」は運転開始当初からワンマン運転を行っており、客室乗務員は扉の開閉などは行わないが、3両編成になると安全性を確保するた

展望スペース（H）

日本三大車窓と評される眺望（H）

め車掌が乗務する。

平成28（2016）年3月のダイヤ改正では、1往復の運転区間を延長して熊本発着とした。これは同改正で姿を消した特急「九州横断特急」「くまがわ」の代替という側面があり、人吉〜熊本間は快速列車となる。なお、人吉駅発着の1往復も人吉で熊本発着の快速列車と接続している。

「いさぶろう・しんぺい」は普通列車で自由席もあるので、乗車券や定期券のみで乗車できる。これは観光路線だけでなく、生活路線としての役割も担うためであり、最近は人吉から八代方面に向けて利用する通勤・通学客の姿も見られるという。

3　九州新幹線効果を拡大─「はやとの風」

「はやとの風」は、平成16（２００４）年３月の九州新幹線新八代～鹿児島中央間の開業にあわせて、ＪＲ九州が吉松～鹿児島中央間で運転を開始した観光特急である。鹿児島中央駅で九州新幹線と連絡する霧島方面への観光列車を運行することで、肥薩線沿線地域の活性化を目指した。

肥薩線八代～隼人間は、明治42（１９０９）年に鹿児島本線の一部として開業した。海沿いのルートの方が勾配が緩く、工事も容易であったが、軍部の意向で内陸部のルートが選ばれた。昭和２（１９２７）年に海沿いのルート（現在の肥薩おれんじ鉄道線）が開業すると、八代～鹿児島間は肥薩線に改称され、７（１９３２）年に隼人～鹿児島間が日豊本線に組み入れられ、肥薩線は完全なローカル線となった。

肥薩線八代～吉松間と吉都《きっと》線は熊本～宮崎間の最短ルートを形成しているので、その後も特急や急行が運転されたが、吉松～隼人間では昭和53（１９７８）年に急行「やたけ」が快速に格下げされて以来、優等列車の運行はなかった。「はやとの風」は、この区間においては26年ぶりの優等列車であり、初の特急列車となった。

「はやとの風」

「はやとの風」はキハ40系改造車の2両編成で、吉松～鹿児島中央間を1日2往復する。ワンマン運転が基本で、客室乗務員が車内放送や販売、検札を行うが、多客期など3両編成に増強されるときは車掌も乗務する。

外観は、旅客鉄道では珍しいロイヤルブラック一色のシックなデザイン。車内は、座席を回転式のリクライニングシートに交換し、バリアフリー対応のトイレを新設。クーラーも屋上集中型の機器に変更し、冷房効果を安定させた。各車両の中央部に展望スペースがあり、木製のテーブルとベンチシートが備えられ、窓は天井から足もとまで3枚のガラスが縦に並び、広がりのある眺望を楽しむことができる。

車内では、客室乗務員による写真撮影や記念乗車証のプレゼントなどのサービスがある。記念乗車証はス

駅弁「百年の旅物語かれい川」（H）

タンプ台紙を兼ねていて、車内に備えつけのスタンプを押すことができる。車内販売では飲み物、スイーツ、オリジナルグッズなどを取り扱っている。また、事前に引換券を購入しておけば、車内で駅弁「百年の旅物語かれい川」が受け取れる。「はやとの風」の運転開始を記念して発売されたもので、ＪＲ九州の駅弁グランプリで３年連続１位に輝くなど、人気の高い駅弁である（税込１０８０円）。

　肥薩線の吉松〜隼人間にある大隅横川と嘉例川の両駅には、１世紀以上も前に建てられた開業当時の木造駅舎が残っている。この貴重な駅舎を見学してもらうため、「はやとの風」は両駅で5〜7分ほど停車する。霧島温泉駅でも停車サービスがあり、地元の人たちが特産品やお茶などを販売。車窓から桜島が一望できる日豊線竜ケ水〜鹿児島間では、徐行運転サービスも実

展望スペース（H）

桜島が一望できる（H）

施される。

「はやとの風」は、次節以降で紹介する列車を含むＪＲ九州の近年のＤ＆Ｓ列車群の先鞭をつけた列車であり、同社の観光列車のイメージ定着に果たした役割は大きい。ただ、デビューから12年以上が経過し、車両の老朽化が進んでいることは否めない。新型車両とは言わないまでも、キハ40系に比べて大幅な性能向上が図られているＪＲ発足後に製造された車両の改造車に置き換え、さらなるサービス向上や話題づくり、そして沿線地域の活性化に貢献し続けて欲しいと思う。

4　乗務員が紙芝居を実演—「海幸山幸」

「海幸山幸」は、JR九州が平成21（2009）年10月に宮崎〜南郷間で運転を開始した臨時の特急列車であり、主に土曜・休日および春・夏・冬休みなどの長期休暇期間中に1日1往復が運転されている。

日南線の田吉以南で優等列車が運転されるのは、昭和55（1980）年10月のダイヤ改正で快速に格下げされた急行「佐多」以来29年ぶりのことで、初めての特急列車でもある。列車名は、南九州が舞台とされている日本神話の山幸彦と海幸彦に由来している。

列車は宮崎を出発すると、南宮崎、田吉、子供の国、青島、北郷、飫肥《おび》、日南、油津と小まめに停車し、海水浴シーズンなどには大堂津にも停車する。飫肥では10分程度停車し、地元の方による名産品などの販売が行われるので、日南線の活性化とあわせて地元も潤うことになる。

「海幸山幸」に使用されているキハ125形は、かつて高千穂鉄道が所有していたTR400形をJR九州が購入したものである。同社は平成17（2005）年9月の台風14号で壊滅的な被害を受け、復旧を断念し、20（2008）年度末で会社を清算した。JR九州は、TR400形を特急列車として使用するため、回転式のリクライニングシートに交換し、身障者用のトイレを

「海幸山幸」

ソファシートとカウンターが設置されたフリースペース

飫肥駅では名産品を販売（H）

設置した。

「海幸山幸」は２両編成で、定員21名の１号車「山幸」、30名の２号車「海幸」とも普通車である。運行開始当初、２号車は全車自由席だったが、指定席が取りにくい状況が続いたことから一部が指定席に改められた。１号車に６席分、２号車に８席分のソファシートが設置されているが、フリースペースなので自由に利用できる。

「木のおもちゃのようなリゾート列車」というコンセプトどおり、車両の内外装には日南市周辺で育成される飫肥杉がふんだんに使われている。１号車のソファシートの向かい側にあるサービスカウンターも木目の美しい飫肥杉で造られ、その上部のガラス棚には宮崎の郷土玩具や飫肥杉で造られたおもちゃが展示されている。カウンターにはスタンプが用意されている

紙芝居の上演（H）

ほか、放送装置が設けられていて、車内放送は基本的にここで行われる。また、このカウンター付近で、JR九州社員の手づくりによる「うみさちやまさち」というタイトルの紙芝居が上演される。

　車内にはBGMが流れ、客室乗務員による観光案内も行われる。車内販売では、列車のオリジナルグッズや車内BGMなどが収録されたオリジナルCD、沿線の特産品のマンゴーキャラメル、マンゴードリンク、アイスクリームなどを取り扱っていて、ICカードも利用できる。

　日南線沿線の観光名所である鬼の洗濯板と七ツ岩付近では、車窓を楽しんでもらうための減速運転が行われる。青島～北郷間にある鬼の洗濯板は、海の浸食で固い砂岩層が板のように積み重なり、巨大な洗濯板のように見えるのでこの名があり、潮が引くと磯遊びが楽しめる。

車内にも飫肥杉をふんだんに使用

車窓から望む鬼の洗濯板（H）

5 親子旅行が楽しくなる—「あそぼーい！」

豊肥本線熊本〜宮地間では、昭和63（1988）年3月から平成17（2005）年8月まで快速「あそBOY」、18（2006）年7月から22（2010）年12月まで快速「あそ1962」が運行され、いずれも人気列車であった。その後継列車として登場したのが臨時特急「あそぼーい！」である。23（2011）年3月の九州新幹線全線開業、並びに山陽新幹線との相互直通運転開始によって九州方面の観光客が増加することを見込み、その需要獲得を目指して開発された観光列車だが、車両の改造工事に時間を要し、同年6月の運転開始となった。

「あそぼーい！」は、土曜・休日と春休み・夏休み、冬休み、ゴールデンウィークに熊本〜宮地間で1日2往復運転されている（*1）。熊本を出ると、新水前寺、水前寺、肥後大津、立野、赤水、阿蘇、宮地の順で停車し、以前は博多まで直通する列車も設定されていた。また、下り列車は2本とも、立野駅で南阿蘇鉄道高森線（*2）のトロッコ列車「ゆうすげ号」に接続している。車両は、かつて特急「オランダ村特急」や「ゆふDX」として運用されていた183系の改造車を使用。4両編成で、両端部が運転台を2階に配したパノラマ仕様になっているのが大きな特徴である。

「あそぼーい！」

くろちゃんのイラストがちりばめられた車体

列車の両先端部に設けられているパノラマシート

白いくろちゃんシートが並ぶファミリー車両

くろCLUB

くろ文庫

列車のコンセプトは「大人も子供も楽しめる遊園地のような列車」で、親子による鉄道旅行をより楽しいものにするための工夫が車両の随所に凝らされている。そして、この列車のシンボルがイメージキャラクターの「くろちゃん」である。くろちゃんは、阿蘇を流れる黒川の近くで生まれた2歳の雄犬で、阿蘇駅の名誉駅長を務めている。外観や車内には、このくろちゃんのイラストがちりばめられ、乗っているだけで楽しい気分になってくる。

「あそぼーい!」は全車指定席で、2号車にボックスシート、1号車と4号車にパノラマ指定席が設けられているほか、3号車「ファミリー車両」は全席が「白いくろちゃんシート」になっている。パノラマ指定席と白いくろちゃんシートの料金は、通常の指定席料金に210円が加算される。

ボックスシートは、2号車の1号車寄りに4人用のセミコンパートメントが4区画設置されている。1区画3名から利用でき、折り畳み式の大型テーブルが設置されている。パノラマシートは、1・4号車の運転台下のスペースに各9席(3席×3列)が設けられ、ダイナミックな車窓が楽しめる。シートは、1号車が赤、青、緑、黄色等のストライプ、4号車が濃い青のモザイク柄と対照的なデザインになっている。

3号車「ファミリー車両」はこの列車のハイライトと言うべき車両で、鉄道の車内とは思えない白を基調とし明るい空間を演出。「白いくろちゃんシート」は親子で座れる転換式のペアシートで、車両の中央部に18席（2席×9組）が設置されている。子ども用のシートが窓側に配置され、車窓を子どもの目線で見やすいように、通常の座席より座面が高くなっている。さらに2号車寄りにはビュッフェ「くろＣＡＦＥ」とソファ、4号車寄りには遊び場「くろＣＬＵＢ」と「くろ文庫」がある。くろＣＡＦＥでは飲み物、弁当やスイーツと愛らしいくろちゃんグッズが販売され、子ども用の低いカウンターが設けられている。くろＣＬＵＢには木製のボールによる「木のプール」があり、客室乗務員が一緒に遊んでくれる。くろ文庫は図書室で、世界の童話や日本の昔話などの児童書を読むことができる。

6　天草宝島ラインと接続―「A列車で行こう」

特急「A列車で行こう」は、ＪＲ九州が平成23（２０１１）年10月に熊本～三角《みすみ》間で運転を開始した臨時の観光列車である。列車名の「A」は、「16世紀の大航海時代の欧州文化」と「古き良き〝天草〟」がテーマであり、大人（Ａｄｕｌｔ）や天草（Ａｍａｋｕｓａ）の頭文字から取られた。車体の外装は、黒とゴールドのツートンカラーで、車内にはリクライニングシートが並

「A列車で行こう」

ぶ。三角線の活性化を目的として誕生した列車で、運転開始にあたって熊本〜三角間には「あまくさみすみ線」の愛称がつけられ、三角駅もリニューアルされた。

「A列車で行こう」は2両編成で、キハ185系の改造車を使用している。この車両は、国鉄末期に四国で使用する特急用に開発されたもので、当時の一般の気動車に比べて乗り心地がよく、最高速度は時速110キロである。

「A列車で行こう」は土曜・休日を中心に運転され、春休みや夏休み期間中は毎日運転される。平成25(2013)年3月のダイヤ改正までは1日2往復の運行だったが、現在は1日3往復となっている。2両編成なのでワンマン運転を行い、客室乗務員が車内改札や乗客への案内などを行う。

1号車の車内

2号車のボックスシート

教会をイメージしたデザインの「A-TRAIN BAR」(H)

1号車にはバーカウンター「A－TRAIN BAR」があるので、定員は28名と少ない。「A－TRAIN BAR」は欧州の教会をイメージしたデザインで、コーヒーなどのソフトドリンクのほか、ビールやハイボール、オリジナルカクテルなどのアルコール類が提供される。2号車の定員は56名で、4人用セミコンパートメント席が4区画設置されている。全車座席指定で、利用するには乗車券と指定席特急券が必要となる。車内には、ジャズのスタンダードナンバー「A列車で行こう」などのBGMが流れ、大人のムードを醸し出している。

「A列車で行こう」は、三角線では25年ぶりの優等列車であり、初めての特急列車である。その運転開始に伴い、天草宝島ラインの高速船シークルーズ号のダイヤ改正が実施された。天草宝島ラインは、三角港か

天草宝島ラインのシークルーズ号

ら松島（前島）港を経由して下島の本渡《ほんど》港を結ぶ定期航路だが、航路の左右には絶景が広がり、船内で観光案内が行われるなど、シークルーズ号は観光クルーズ船の要素も備えているので、福岡から九州新幹線と在来線を乗り継いで訪れる観光客も少なくない。現在、シークルーズ号は、「A列車で行こう」の運転日には通常と異なるダイヤで運航され、列車との接続が便利になっている。

シークルーズ号の三角港〜本渡港の所要時間は約1時間で、運賃は大人2200円だが、往復すると4000円になる。またJR九州は、九州新幹線、三角線とシークルーズ号が利用できる「天草・福岡市内2枚きっぷ」と「天草・熊本2枚きっぷ」を発売している。値段は、福岡市内〜本渡港間が大人1万100円、熊本〜本渡港間が同4220円で、指定席特急料金を払えば「A列車で行こう」にも乗車できる。A－TRAIN BARでグラスを傾けながら、有明海の眺望を目の当たりにすれば、旅行気分が大いに盛り上がること請け合いである。

7　JR九州のD&S列車の主な成果

JR九州が運行しているD&S列車の特徴を表す重要なキーワードが「地域」である。同社のD&S列車に乗っていると、沿線の人たちが列車に向かって手を振っている光景を頻繁に見ることができる。筆者の経験では、他社の観光列車に乗っていても目にする光景ではあるが、JR九州のエリアほどその機会は多くない。

また、主要駅でD&S列車の停車中に行われる物産品等の販売の様子を見ていると、地元の人たちが熱心に乗客をもてなす姿が印象的で、自分たちもこの列車の運行を支えているという意気込みのようなものも伝わってくる。

このような鉄道と地域との深いつながりは、JR九州がD&S列車の運行等により、長年にわたって築き上げてきたものであり、鉄道事業の経営に不可欠な「地域密着」を実現している姿として高く評価できる。同社のD&S列車の人気が高い理由の一つにも、事業者と地域が一体となって列車の運行を盛り上げ、乗客をもてなすという独自のムードが形成されているということがあると思われる。

平成23（２０１５）年10月にデビューしたクルーズトレイン「ななつ星 in 九州」は、同社がそれまでに運行してきた観光列車の集大成と位置づけられており、地域との連携という側面もさらに深度化されている。その内容は次章で紹介するが、この列車が大きな成功を収め、現在も超人気列車であり続けている理由の一つにも、地域を大切にし、列車のコンセプトやサービスにおいても地域に徹底的にこだわるという同社の姿勢があるものと筆者は考える。

*1　平成28（２０１６）年４月に発生した熊本地震により、豊肥本線は肥後大津～阿蘇間が現在も不通となっている。「あそぼーい！」については同年11月現在、博多～ハウステンボス間で運行されている。

*2　平成28（２０１６）年４月に発生した熊本地震で全線が不通となっていたが、７月31日に高森～中松間の運転が再開された。

第6章

クルーズトレインの現状と展望

ＪＲ九州が平成25（２０１３）年10月に運転を開始した「ななつ星in九州」は、「クルーズトレイン」という新しいジャンルの列車である。乗車券・寝台券・食事券などをセットにした旅行商品として販売され、運行ルートは出発地から到着地まで二点間を直行するのではなく、博多駅を起点としてさまざまなルートを周遊する。

一方、平成25（２０１３）年６月、ＪＲ東日本は28（２０１６）年春以降にクルーズトレインの運転を開始することを発表。26（２０１４）年５月には、ＪＲ西日本が29（２０１７）年春に新たな寝台列車を導入することを発表した。その後、年を追うごとに追加の発表があり、ＪＲ東日本のクルーズトレインの列車名は「トランスイート四季島」、ＪＲ西日本の寝台列車の列車名は「トワイライトエクスプレス瑞風」に決定した。

本章では、ＪＲ九州が観光列車の集大成と位置づけている「ななつ星 in 九州」の概要、並びにこれまでの発表資料等に基づき、来春運行開始予定の「トランスイート四季島」と「トワイライトエクスプレス瑞風」の概要をまとめるとともに、クルーズトレインの今後の展望について考えてみたい。

1　「新たな人生にめぐり逢う、旅。」を提案―ＪＲ九州「ななつ星 in 九州」

（1）乗客に三つの「出逢い」を提供

「ななつ星 in 九州」が誕生した経緯は、ＪＲ九州の現会長で「ななつ星 in 九州」運行開始当時の社長であった唐池恒二氏の著書『やる！〜唐池恒二の夢見る力が「気」をつくる〜』（かんき出版／平成26年10月）に詳しく紹介されている。それによると、唐池氏が豪華クルーズトレインの運行を決意したのは平成21（２００９）年冬のことであった。韓国のクルーズトレイン「ヘラン」やシンガポールとバンコクを結ぶ豪華列車「イースタン&オリエンタル・エクスプレス」に乗車した体験も踏まえ、日本一ではなく、世界一乗って楽しい豪華列車を創ろうと考えた。しかし、車両製造費の捻出や運行に必要な沿線設備の設置、新たな機関士や乗務員の確保とその養成など、何もかもが手探りの状態で、営業運転開始まで試行錯誤の連続であったという。

「ななつ星 in 九州」の列車コンセプトは「新たな人生にめぐり逢う、旅。」。ＪＲ九州は、この列車の旅を通して、乗客に三つの「出逢い」を提供したいと考えている。それは、①乗客自身の人生との出逢い、②乗客同士のパートナーとの出逢い、③列車に乗務するクルーやスタッフ、地元の人々との出逢い、である。

ＪＲ九州の青柳俊彦社長は、同社の「ななつ星 in 九州」のポータルサイトのなかで、『「ななつ星」の旅の魅力は、匠の心と技が結集した世界に一つだけの車両、「食」の宝庫である九州の食材をふんだんに使用し思いと手間が込められた料理、立ち寄り先での心あたたまる地元の皆さまのおもてなし、そしてクルーとのふれあいです。』と述べている。

豪華な車内設備や調度品に囲まれた移動空間で心のこもったサービスや「食」のおもてなしを受け、沿線の観光地や施設などで九州ならではの歴史・文化や人々と交流する。ＪＲ九州は、「ななつ星 in 九州」の旅を通して、乗客一人ひとりに人生の新たな出逢いを体験してもらいたいと考えている。

なお、「ななつ星 in 九州」という列車名は、①九州の７つの県、②九州の７つの観光素材（自然、食、温泉、歴史文化、パワースポット、人情、列車）、③７両編成の客車、を表現している。

(2) 博多駅を起点にさまざまなルートを周遊

「ななつ星 in 九州」はＤＦ２００形＋77系客車７両の編成で、１号車がラウンジカー「ブルームーン」、２号車がダイニングカー「ジュピター」、３～６号車がＡ寝台二人用個室「スイート」（３号車はバリアフリー対応）、７号車が特別Ａ寝台二人用個室「ＤＸスイート」である。スイート

「ななつ星 in 九州」

エンブレム

DXスイート・Aタイプ

DXスイート・Bタイプ

は1両に3室、DXスイートは1両に2室設けられ（合計14室）、1編成の定員は28名である。壁の色や窓の形状・装飾などは部屋によって異なり、それぞれの雰囲気にあわせて九州を中心とした名工や匠の手による陶磁器や木製細工、織物などが備えられている。DXスイートはAタイプとBタイプで使われている木製素材や調度品は異なるが、どちらも広々とした優美な空間で、特に編成最後尾に位置し、大型1枚ガラスの展望窓が設置されたAタイプが最も人気の高い客室になっている。

スイートの各室には、セパレートタイプのシャワー室・トイレと冷蔵庫を完備。冷蔵庫内のソフトドリンクは無料である。DXスイート、スイートともにWi－Fiが利用できるが、オーディオやAV機器は備えられていない。これは乗客により多くの語らいの時間を持ってもらい、車窓のすばらしさを十分に堪能してもらうための配慮である。

ラウンジカー「ブルームーン」は、ソファや木製のテーブル・チェアー、ピアノなどが配された乗客のくつろぎの社交空間である。夜にはバーがオープンし、ピアノの生演奏が流れる中、大型の窓から星空を眺めることもできる。ダイニングカー「ジュピター」は、食堂車にふさわしく壁、床、テーブルなどを明るめの木製素材で統一した空間で、九州を中心とする四季折々の食材を使った料理を味わえる。乗客がここでディナーを楽しんでいる間に、各室のベッドメイキングが行われる。

「ななつ星 in 九州」のツアーには1泊2日と3泊4日の2コースがあり、半年ごとに一部のルートが変更されているが、基本は前述のとおり、博多駅を起点としてさまざまなルートを周遊する。運行開始時の3泊4日コースの主な経由駅は博多→由布院→都城《みやこのじょう》→隼人→鹿児島中央→熊本→阿蘇→博多で、1泊2日コースは博多→長崎→諫早《いさはや》→阿蘇→博多であった。その後、宮崎（3泊4日コース）や佐世保（1泊2日コース）が加えられたり、平成28（2016）年4月から3泊4日コースでは鹿児島中央→熊本が肥薩おれんじ鉄道線経由となった。3泊4日コースには、隼人での旅館宿泊とその前後のバス移動が含まれている。なお、平成28（2016）年4月の熊本地震の影響で豊肥本線の一部区間が現在も不通になっていることから、現在は阿蘇駅を経由しないコースが設定されている。

筆者は残念ながら「ななつ星 in 九州」にまだ乗車していない。そこで乗ったことがある方から聞いた話を総合すると、DXスイート、スイートとも床はフローリングで絨毯は敷かれていないが、車内は静かで揺れもほとんど気にならず、夜も熟睡できたという。次に、「ななつ星 in 九州」の車内では沿線の物産品やオリジナルグッズが販売されていて、他の観光列車に比べると品揃えが異なり、かつ高額（ネクタイ1万円、大判スカーフ2万円など）であるが、それがよく売

スイート

ラウンジ

れていたという。また、「沿線の多くの人たちが列車に向かって手を振ってくれるので感動した」という声を数名の方から聞いたが、この点はまさにJR九州らしさと言うことができる。唐池氏も前述の著作の中で、「沿線の人達が手を振って乗客を歓迎する姿こそ、最高の車窓である」と述べている。

（3）最高倍率は316倍！

「ななつ星 in 九州」は運転開始以来、高い人気を維持していて、なかなか乗ることができないという話を方々で聞くが、実際はどうなのだろうか。同社の「ななつ星 in 九州」のポータルサイトでは、新たなコースの発売や予約申し込みの状況など、さまざまな情報が発信されている。このサイトによると、平成28（2016）年10月1日に第十期：2017年春・夏（3〜9月）出発分の予約受付が開始されており、過去に9回の予約受付が行われたが、すべて応募が募集部屋数を上回り、抽選となっている。

第一期：平成25（2013）年10〜12月出発分は、24（2012）年10月1日に予約受付が開始され、112部屋に対して応募数は814件、平均倍率は約7・3倍であった。第三期までは微増で推移したが、第四期：平成26（2014）年8〜11月出発分になると、過去最大の196

部屋に対して応募数は７２４１件、平均倍率は約37倍に跳ね上がった。その後、第八期までの応募数は５０００〜６０００件台、倍率は20〜30倍台で推移している。第九期は予約受付開始後に熊本地震が発生し、コースが変更されたが、それでも１９６部屋に対して応募数は４７３６件、平均倍率は24・１倍であった。このように「ななつ星 in 九州」は運転開始から３年が経過したが、人気が衰える気配はまったくない。

部屋別ではＤＸスイートのＡタイプの人気が凄まじく、第五期：平成26（２０１４）年12月〜27（２０１５）年２月出発分の３泊４日コースの倍率が２６８倍、第七期：平成27（２０１５）年10月〜28（２０１５）年２月出発分の３泊４日コースでは３１６倍に達した。また、海外からの申し込みも増えていて、第一期では３件だったが、第八期では１８１件、第九期で１６５件と大幅に増えている。これは、ＪＲ九州が「ななつ星 in 九州」に関する海外の旅行会社との契約交渉を積極的に進め、タイ、シンガポール、英国などの会社と締結に至っている成果だと考えられる。

旅行代金であるが、平成29（２０１７）年春・夏出発分について見ると、１泊２日コースがスイート30万〜33万円、ＤＸスイートＢ38万〜41万円、ＤＸスイートＡ42万〜45万円、３泊４日コースがスイート63万〜68万円、ＤＸスイートＢ80万〜85万円、ＤＸスイートＡ90万〜95万円

ダイニングルーム

（いずれも2名1室で1名当たりの金額）となっている。今回から体験プランが新設されたため、従来より少し高くなっている。

2　乗客の記憶に残る旅を提案－ＪＲ東日本「トランスイート四季島」

（1）キーワードは「深遊探訪」

「トランスイート四季島」は、ＪＲ東日本が平成29（２０１７）年5月1日に運転を開始するクルーズトレインである。すでに第一期：平成29（２０１７）年5～6月出発分と第二期：同7～8月出発分の販売が終了し、現在は第三期：同9～11月出発分が販売されている。同社は、「北斗星」と「カシオペア」という大きな人気を博した二つの豪華寝台列車を運行してきているが、「トランスイート四季島」は『従来の豪華寝台列車とは一線を画した、新しい解釈による「これからの時代の豪華さ」を提案』する列車であるという。

筆者は「トランスイート四季島」の運行開始を決めた背景について、ＪＲ東日本の広報部に問い合わせてみた。その回答によると、「当社は鉄道という公共インフラの運営を担う地域の一員であり、東日本エリア並びに日本全体が元気であることが、当社グループの存立基盤であると考えている。そこでグループ経営構想でも、『変わらぬ使命』の一つとして『地域との連携強化』を掲げている。その取り組みの中で、観光は当社グループの強みが最も発揮できる分野であり、裾野の広い産業なので地域経済振興への波及効果も大きい。そこで、クルーズトレイン『トランスイート四季島』の運行を開始することとした。この列車のお客様には、非日常感のある車両空間で過ごしていただく鉄道ならではの新たな旅の魅力を提案するとともに、これらのお客様を地域の人たちとともに受け入れていくことで、地域の魅力の掘り起こしや磨き上げにつなげていきたい」とのことであった。

同社は、「トランスイート四季島」のコンセプトを『深遊探訪《しんゆうたんぼう》』という言葉で表現している。色濃く変わる四季の移ろいの中で、今までになかった体験や発見をすることで、「まだ知らないことがあった」という幸福を実感する。同社は、「トランスイート四季島」によって、そのような乗客の記憶に残る旅を提案していきたいと考えている。

(2) デラックススイートルームは2タイプ

「トランスイート四季島」は電車タイプの10両編成で、動力には架線集電とディーゼル発電を併用したハイブリッド方式のＥＤＣ(*1)が採用され、電化区間と非電化区間を問わず走行できる。編成の両端がフリースペースの展望車となり、スイートルーム車5両と、デラックススイートルーム車、ラウンジ車、ダイニング車各1両で構成される。デラックススイートルームは2室、スイートルームは15室（1室はバリアフリー対応）で、定員は34名となる。

展望車には、ダイナミックなパノラマ車窓を楽しんでもらうため、複数の大型の窓ガラスが配される。今年8月に先頭車両が報道公開されたが、これまでにない斬新なデザインが目をひいた。

デラックススイートルームとスイートルームの内装に、壁材に和紙や漆、銅や錫の箔、柱には組子模様、家具や扉には鋳物が使用され、床には手織りの敷物を配するなど、きめ細やかな日本の美意識をモダンな意匠に盛り込んだ、安らぎと開放感のある空間とする。デラックススイートルームは、「四季島スイート」と「デラックススイート」で部屋のタイプが異なっている。「四季島スイート」はメゾネットタイプで、ダイナミックな景観を楽しめるスケール感のある階上部と、安心感のあるクローズした空間の階下部で構成。「デラックススイート」はフラットタイプで、天井の高い開放感のある空間とし、「四季島スイート」とは表情の異なるデザインとなる。

ラウンジ車は、通路の中央部にエントランスを設ける構造で、ホテルを感じさせるおもてなしや旅の高揚感、非日常感を醸し出すパブリックスペースとする。天井を高くとり、乗客がオープンな雰囲気の中で集い、語り合える空間とする。

報道公開された「トランスイート四季島」の車両

ダイニング車は、モダンに和のテイストを取り入れた、五感を心地よく刺激する「ハレ」の雰囲気を演出し、流れる車窓を見ながら沿線地域の豊かな旬の味覚を味わうことができる空間とする。平成28（２０１６）年7月には、「トランスイート四季島」のツアーで食事を提供する料理人のメンバー（施設の代表者を含む）が発表され、北海道や青森、秋田、山形、福島、新潟など各地域の食材に精通し、育んできた和食、洋食、スイーツの料理人が顔を揃えた。コース中の食事メニューは一部がまだ選定中とのことで、料理人のメンバーさらに増える見込みだ。

(3) 年間運行コースと東日本の旬コースを設定

「トランスイート四季島」のツアーは、年間運行コースと東日本の旬コースの2種類がある。

年間運行コースは3種類あり、３泊４日コース（春〜秋）が上野→日光→函館→伊達紋別《だてもんべつ》→登別→東室蘭→洞爺→新函館北斗→弘前→鶴岡→あつみ温泉→新津→東三条→上野、１泊２日コース（春〜秋）が上野→塩山→姨捨《おばすて》→会津若松→上野、２泊３日コース（冬）が上野→白石→松島→青森→弘前→青森→一ノ関→鳴子温泉→上野の各ルートが設定されている。各コースには途中下車しての沿線観光が含まれ、３泊４日コースでは五能線の観光列車「リゾートしらかみ」にも乗車する。

東日本の旬コースも3種類あり、夏の2泊3日コースが上野↓湯沢↓八戸↓鳴子温泉↓一ノ関↓上野、年末年始コース（1泊2日）が上野↓熱海↓横須賀↓和田浦↓鹿島神宮↓上野、春の2泊3日コースが上野↓酒田↓花巻↓那須塩原↓結城《ゆうき》↓上野の各ルートが設定されている。こちらも各コースに沿線観光が含まれ、夏の2泊3日コースでは観光列車「TOHOKU EMOTION」に、春の2泊3日コースでは同じく「SL銀河」に乗車する。

旅行代金は、3泊4日コースのスイートが75万と77万円、デラックススイート90万円、四季島スイート95万円、1泊2日コースのスイートが32万円、デラックススイートが40万円、四季島スイートが45万円（いずれも2名1室で1名当たりの金額）となっている。3泊4日コースのスイートの代金は、2日目の宿泊施設によって異なる。

これまでの予約状況であるが、平成29（2017）年5～6月出発分は187件の募集に対して1234件の応募があり、平均倍率は6・6倍、平成29（2017）年7～8月出発分は153件の募集に対して941件の応募があり、平均倍率は6・2倍だった。最高倍率は、5月1日出発の3泊4日コースにおける「四季島スイート」の76倍であった。

３　美しい日本をホテルが走る―ＪＲ西日本「トワイライトエクスプレス瑞風」

（１）「トワイライトエクスプレス」の伝統を引き継ぐ

「トワイライトエクスプレス瑞風」は、ＪＲ西日本が平成29（２０１７）年春の運転開始を予定している寝台列車である。同社は、平成２（１９９０）年に大阪〜札幌間で豪華寝台列車「トワイライトエクスプレス」の運転を開始。豪華な車両と美しい車窓、車内で調理されるフレンチディナーなどのサービスが好評を博し、27（２０１５）年３月に運転を終了するまでの25年間で約１１０万人が利用した。「トワイライトエクスプレス瑞風」は、前２社のクルーズトレインとは異なり、「トワイライトエクスプレス」の伝統を引き継ぐ新しい寝台列車と位置づけられている。

「トワイライトエクスプレス瑞風」の列車コンセプトは、「美しい日本をホテルが走る」である。ＪＲ西日本のエリアには、京都や松江、出雲、宮島など日本の原風景とも言える歴史・文化が豊かな地域や、日本海や瀬戸内海、大山など美しい自然に恵まれた地域が数多い。「トワイライトエクスプレス瑞風」は、そのような美しい日本の姿、そして鉄道の旅の魅力を乗客に再発見してもらえる特別な旅を提供する列車であり、それにふさわしい車内空間やおもてなし、供食サービスを提供する。

デザインコンセプトは「ノスタルジック・モダン」で、ホテルのような非日常的空間にどことなく懐かしさが感じられるデザインを配することで、洗練された上質さと心休まる懐かしさを感じられる空間を提供する。これらのコンセプトを見ると、「走るホテル」と呼ばれたかつてのブルートレインの存在を思い起こさせる。

筆者は「トワイライトエクスプレス瑞風」の運行開始を決めた背景について、JR西日本の広報部に問い合わせてみた。その回答によると、「当社は中期経営計画2017の中で、『地域共生企業』となることを掲げ、鉄道の強みを活かし、地域と一体となって観光振興に取り組んでいる。『トワイライトエクスプレス瑞風』の運行は、その取り組みの一環と位置づけている」とのことであった。

(2) 世界的にも希少な1車両1室のスイート

「トワイライトエクスプレス瑞風」は10両編成で、展望スペースを備えた両先頭車と客室車6両、ラウンジカーと食堂車各1両で構成される。動力には、ディーゼル発電機とバッテリーアシストでモーターを駆動するハイブリッド方式が採用される。

報道公開された「トワイライトエクスプレス瑞風」の車両

両先頭車に設けられる展望スペースには、前後左右の車窓が楽しめる窓を配置し、沿線の空気や香りを直接感じることができるオープンエアの展望デッキが設置される。

客室車は、6両中5両にツイン・シングルの客室が3室ずつ設けられ、残る1両は世界的にも珍しい1両1室のスイートとなる。ツイン・シングルの客室は、雄大な車窓が楽しめる大型の窓を備え、収納式ベッドの採用で昼間のリビングスペースを確保。ユニバーサル対応の客室も設けられる。スイートには、エントランスやプライベートバルコニー、リビングルーム、ダイニングルーム、寝室とバスタブ付きの本格的なバスルームが設けられ、まさに「走るホテル」と呼ぶにふさわしい空間となる。

ラウンジカーは、木材を多用した落ち着きのある空間とし、バーカウンターや立礼の茶の卓、ブティックスペースが設けられるなど、乗客同士が交流するおもてなし空間となる。

食堂車はフォーマルな雰囲気の中にオープンキッチンが設けられ、車内調理のライブ感が伝わってくる空間となる。大型の窓が配置され、ダイナミックな車窓を見ながら食事を楽しむことができる。平成27（2015）年2月に食事の監修を務める料理人が発表され、「トワイライトエクスプレス」の伝統を引き継ぐフレンチディナーのほか、山陰・山陽エリアで活躍する食の匠の人たちの協力を得て、和食メニューなどが提供されることが明らかにされた。

（3）1日1回の立ち寄り（下車観光）を設定

「トワイライトエクスプレス瑞風」の運行ルートは、大阪、京都、下関の各駅を起終点として山陽・山陰線を走行する1泊2日の片道コースと2泊3日の周遊コースがあり、現在までに五つのコースが発表されている。

1泊2日の片道コースは、山陽と山陰の各上り・下りの計4コースを設定。主な経由駅は、山陽コース下りが京都・大阪→倉敷→→岩国→下関、同上りが下関→宮島口→→三原→広→三原→尾道→大阪・京都、山陰コース下りが大阪・京都→城崎《きのさき》温泉→東萩・萩→下関、同上りが下関→出雲市→伯耆大山《ほうきだいせん》→岸本→伯耆大山→鳥取→京都・大阪である。山陽コース上りには呉線（三原→広→三原間）、山陰コース上りには伯備線（伯耆大山→岸本→伯耆大山間）への乗り入れが組み込まれているのは、瀬戸内海の多島美や伯耆富士・大山の眺望を楽しんでもらうためである。2泊3日の周遊コースのルートは、京都・大阪→岡山→宍道《しんじ》・松江→伯耆大山→岸本→伯耆大山→東浜→京都である。

全コースには1日1回の立ち寄り（下車）観光がセットされ、山陽・山陰沿線の景勝地や歴史・文化施設等の観光が楽しめる。ＪＲ西日本では運転開始に先立ち、これらの立ち寄り観光の最寄駅となる城崎温泉、宍道、尾道、宮島口、東萩等のリニューアルに取り組んでいる。

「トワイライトエクスプレス瑞風」の運転開始日は未定で、予約受付もまだ始まっていない。運賃・料金がどれくらいになるのか、JR西日本の広報部の方に伺ったところ、「この列車に一人でも多くのお客様に乗っていただき、日本の美しさや鉄道の旅の魅力を再発見していただきたいと考えていることから、できるだけリーズナブルな価格にしたい」とのことであった。「トワイライトエクスプレス瑞風」には、日本では過去に例のない1車両1室のスイートが設けられる。その料金がどれくらいに設定されるのかは興味深いところである。

4 クルーズトレインの今後の展望

(1) クルーズトレインが「生活路線」を守る

本章で取り上げたクルーズトレインは、第1～5章で取り上げてきたさまざまなジャンルの観光列車の進化した形であり、鉄道事業者や沿線地域にもたらす効果もより大きなものになると筆者は見ている。

まず、クルーズトレインは鉄道の利用者層、並びにリピーターの拡大に対する貢献度が高いと考えられる。グルメ列車は、車内での供食サービスを最大の魅力として、中高年の女性層を中心

クルーズトレインが「生活路線」を守る

にこれまで鉄道にあまり馴染みのなかった利用者層の開拓に成功している。クルーズトレインでは、有名料理人が沿線地域の厳選食材を使って調製した絶品料理やスイーツを、高級かつ上品さあふれる空間のダイニングカーで、ダイナミックな車窓を眺めながらゆっくりと賞味できるので、富裕層や訪日外国人旅行者などへのアピール度も高い。

また、「ななつ星 in 九州」に加え、来年から「トランスイート四季島」と「トワイライトエクスプレス瑞風」が運転を開始することで、豪華列車による旅の選択肢が広がり、クルーズトレイン自体のリピーターがさらに増えると考えられる。「ななつ星 in 九州」の旅で大きな満足を得られた乗客が、今度は運行ルートや食事内容が異なる「トランスイート四季島」に乗ってみたいと感じるのは、ごく自然の成り行きと言えるのではないだろうか。さらに、既存のグルメ列車を楽しんだ乗客が、いずれはクルーズトレインに乗ってみたいと思ったり、逆にクルーズトレインの旅を満喫した乗客が地元のグルメ列車に乗ってみようと思うなど、観光列車同士の相乗効果も高まっていくと考えられる。

沿線地域に対しても、クルーズトレインはより大きな経済効果をもたらすことが期待される。第4章で、グルメ列車が地域にもたらす経済効果について述べたが、クルーズトレインの効果はもっと広範である。食の面では地産地消の考え方のもと、沿線地域の食材や料理、生産品を使用するとともに著名な料理人を登用。客室やラウンジなどには、沿線地域の調度品や伝統工芸品などがオブジェとして使用されている。車内販売でも沿線地域の生産品や工芸品などが扱われるが、前述のとおり、クルーズトレインでは比較的高額の商品も売れる傾向にある。下車観光では地域のバスなどの二次交通を利用して観光施設や歴史・文化施設を巡り、一部のコースでは有名旅館の宿泊等が組み込まれているため、宿泊事業者などにも効果が及ぶ。さらに、旅行商品として販売される列車については、ツアーを催行する旅行会社にも恩恵がもたらされる。

以上のような効果を踏まえると、筆者は次頁の表に示すとおり、クルーズトレインを沿線地域における一種の基幹産業として位置づけることができると考えている。それは第4章で述べた、地域における鉄道の価値向上という面で大きな効果があり、地方鉄道やローカル線区の維持・活

表　クルーズトレインの位置づけ

3段目	クルーズトレイン	基幹産業として、沿線地域の事業者や生産者、観光施設、宿泊施設、バス会社、旅行会社など広い領域への経済効果を創出
2段目	観光列車	観光路線としてSL列車、トロッコ列車、グルメ列車などを運行し、定期外の利用客の増加や沿線地域の交流人口拡大に貢献
1段目	普通列車	生活路線として通勤・通学・通院客等の輸送を重視

※各種文献をもとに筆者作成

性化につながる。言い方を変えれば、クルーズトレインの運行によって、地域の通勤・通学や通院等の貴重な手段である「生活路線」が守られるということである。

(2) より多くの人が利用できる夜行寝台列車の復活を

「ななつ星 in 九州」はデビューから3年が経過したが、人気はいまだに衰えていない。「トランスイート四季島」の予約状況も好調であり、「トワイライトエクスプレス瑞風」も予約の受け付けが開始されれば、かなりの人気を集めるものと想像できる。

しかし、これらの列車が将来的に運行され続けるためには、新しい魅力を提供し続け、新規の利用者を開拓するとともに、できるだけ多くのリピーターを作る必要がある。テーマパークは、新しいアトラクションの導入や既存のアトラクションのリニューアルを一定以上の頻度で行い、リピーターの維持・拡大に力を入れている。クルーズトレインもこれと同様であり、新しい運行ルートの設定や食事メニューの更新、車内サービスの

より多くの人が利用できる夜行寝台列車の復活を

向上やイベントの実施などで、常に新しい魅力を提供していくことが求められる。

「ななつ星 in 九州」は、平成28（2016）年4月から肥薩おれんじ鉄道線への乗り入れを開始し、乗客は新たに有明海を望む美しい車窓を楽しめるようになった。このようにクルーズトレインには、より魅力的な運行ルートと観光メニューの提供に大きな期待が寄せられると思う。

最後に1点だけ、筆者の希望を述べさせていただきたい。「ななつ星 in 九州」「トランスイート四季島」「トワイライトエクスプレス瑞風」とも、鉄道の旅の新境地を開く大変魅力に富んだ列車であるが、価格の面を考えると、一般の人たちが気軽に利用できる列車とは言い難い。そこでこれらの豪華列車とは別に、かつての「北斗星」や「カシオペア」「トワイライトエクスプレス」レベルの価格で利用できる夜行寝台列車の復活を望みたい。クルーズトレインの運行で得たノウハウをフィードバックさせれば、従来よりもさらに魅力的な夜行寝台列車の運行が可能となる。この点で筆者は、特に以下の4点が重要であると考えている。

①外部のレストランや料亭などと提携して食堂車のメニューを開拓する
②乗降客の少ない深夜時間帯は旅客の取扱いを実施しない
③運賃・料金収入だけでなく、旅行業務取扱料収入や企画料収入を得る仕組みとする
④記名制の採用で乗車券類の転売を防ぐ

このように観光列車の要素と安価性を兼ね備えた、より多くの人が利用できる夜行寝台列車が季節列車などとして復活すれば、鉄道の旅がさらに充実し、観光列車の利用者のすそ野も広がるものと考えらえる。

*1　ハイブリッド方式とは、電化区間では架線からの電力で、非電化区間では車両に搭載したエンジン発電機からの自給電力で、それぞれ走行用モーターを駆動して走行する方式をいう。ＥＤＣは電気式ディーゼルカーの意。

おわりに

平成12（2000）年の鉄道事業法の改正で需給調整規制が廃止されて以降、少子高齢化や地方の過疎化の進展に伴い、地方鉄道・路線を取り巻く経営環境は厳しさを増している。通勤・通学や通院などを目的とした従来の定期旅客だけでは経営が成り立たなくなってきた事業者は、沿線外からの不定期旅客を増やすため、観光鉄道への転換を目指すこととなった。

鉄道による観光客輸送は、国有鉄道と民間鉄道を問わず戦前から実施されてきた。戦後は高度経済成長と人口拡大を背景として輸送量を大きく伸ばし、技術発展もあいまって豪華かつ高性能の車両を使用した優等列車が多数運転された。そして、この当時の観光列車には、専ら都市部と行楽地の間の大量輸送を担う移動手段としての機能が求められた。

しかし、少子高齢化の進展等を背景として、限られたパイをバスやマイカーと争う市場環境の中、便利・快適で楽しい移動空間として利用者に選択されることが、今日の観光列車の至上命題となっている。単なる移動手段ではなく、観光案内や供食、イベントなどさまざまなサービスを受けることができる、充実した移動時間・空間を提供するがことが求められているのである。

本書で取り上げたSL列車、トロッコ列車、車窓が美しい列車、グルメ列車は、現在の観光列車の代表的なジャンルであり、各事業者は工夫とアイデアに富んださまざまなサービスを導入している。中でもグルメ列車は、地産地消のコンセプトのもと、沿線地域への経済効果をより明確な形で発揮し、路線は不採算だが便益は「正」という、地方鉄道・路線に対する新しい考え方をもたらした。

そして、これらの観光列車の集大成として、平成25（2013）年10月に登場したのがクルーズトレイン「ななつ星 in 九州」であった。クルーズトレインは、沿線地域の食に関する生産者や製造者だけでなく、バス事業者や宿泊事業者、観光施設の運営事業者などと連携して「地域の基幹産業」を形成し、グルメ列車を大きく上回る経済効果を発揮している。これは地方鉄道・路線の価値を向上させ、地域における鉄道の位置づけを変える大きな一歩ということができる。

筆者がクルーズトレインについてこのような考え方に至った背景には、平成25（2013）年10月に上梓した交通新聞社新書『チャレンジする地方鉄道』の執筆にあたり、当時の秋田内陸循環鉄道の酒井一郎社長を取材したことがある。このとき酒井社長は、「秋田内陸縦貫鉄道は過疎地を通り、少子化も進んで通学需要が減少しているため、観光鉄道に脱皮させる必要がある。ただ観光鉄道に特化すれば、東日本大震災のような災害が発生すると、秋田県は被害を受けていなくても、風評被害で利用者が減少する事態となる。そのため生活路線としての通勤・通学・通院輸送を重視しなければならない。基礎は『生活路線』であり、その上に『観光鉄道』がある。そして最終目標は、秋田内陸縦貫鉄道が地域の『基幹産業』として不可欠な存在であると認知してもらうことである」と述べられた(*2)。

つまり、観光列車の発展形であるクルーズトレインには、地方鉄道・路線を地域の基幹産業の場に変化させ、そのイメージを大きく向上させる力があると筆者は考えている。それは同時に、地域の貴重な移動手段である鉄道を守る力でもある。

末筆となりますが、本書を上梓するにあたり、交通新聞サービスの高田博之氏には大変お世話になりました。また、ご多忙中であるにもかかわらず、テレビ会議による取材に応じていただいたWILLER TRAINS㈱常務取締役の寒竹聖一様をはじめ、電話による取材や問い合わせに応じていただいたJR・民鉄各社の広報担当等の皆様に心から感謝申し上げます。

〔参考文献〕

▼書籍等

諸河久・杉谷広規：著『日本の私鉄 近鉄Ⅰ』保育社／平成10年3月
田淵仁：著『近鉄特急 上』JTBパブリッシング／平成16年3月
田淵仁：著『近鉄特急 下』JTBパブリッシング／平成16年5月
佐藤信之：著『コミュニティ鉄道論』交通新聞社／平成19年11月
浅井康次：著『乗ろうよ！ローカル線』交通新聞社／平成22年4月
香川正俊・澤喜司郎・安部誠治・日比野正己：編著『都市・過疎地域の活性化と交通の再生』成山堂書店／平成22年8月
唐池恒二：著『JR九州・唐池恒二のお客さまをわくわくさせる発想術』ぱる出版／平成23年2月
石井淳蔵・高橋一夫：編『観光のビジネスモデル』学芸出版社／平成23年12月
堀内重人：著『ブルートレイン誕生50年－20系客車の誕生から、今後の夜行列車へ－』クラッセ／平成24年1月
堀内重人：著『新幹線vs航空機』東京堂出版／平成24年3月
宇都宮浄人：著『鉄道復権－自動車社会からの「大逆流」－』新潮社／平成24年3月
福井義高：著『鉄道は生き残れるか－「鉄道復権」の幻想』中央経済社／平成24年8月
岡田誠一：著『国鉄準急列車物語』JTBパブリッシング／平成24年11月
生方良雄：著『箱根登山鉄道125年のあゆみ』JTBパブリッシング／平成25年9月
堀内重人：著『チャレンジする地方鉄道』交通新聞社／平成25年10月
日本生産性本部：編『レジャー白書2013』日本生産性本部／平成25年8月
堀内重人：著『元気なローカル線のつくりかた』学芸出版社／平成26年6月

唐池恒二：著『やる！唐池恒二の夢みる力が「気」をつくる』かんき出版／平成26年10月
広岡友紀：著『リゾート開発と鉄道財閥秘史』彩流社／平成26年12月
堀内重人：著『寝台列車再生論』戎光祥出版／平成27年7月
宇都宮浄人：著『地域再生の戦略－「交通まちづくり」というアプローチ』筑摩書房／平成27年6月
堀内重人：著『ビジネスのヒントは駅弁に詰まっている』双葉社／平成28年1月
谷川一巳：監修『第三セクター鉄道の世界』宝島社／平成28年7月
山田和昭：著『希望のレール－若桜鉄道の「地域活性化装置」への挑戦』祥伝社／平成28年9月

▼論文等

蒲池紀生「大手私鉄観光開発の展開」『鉄道ジャーナル』昭和60年4月号
須田寛「国鉄伊豆観光列車の歩みと今後」『鉄道ジャーナル』昭和60年4月号
斎藤峻彦「行楽・観光と鉄道」『鉄道ジャーナル』昭和60年4月号
小林茂「ブルートレインの現状と将来像」『鉄道ジャーナル』平成3年10月号
鶴通孝「カシオペア神話はこうして創られた」『鉄道ジャーナル』平成11年10月号
水島哲哉「新しい寝台列車と古き夜汽車の郷愁との出会い 夜行列車のこれから」『鉄道ジャーナル』平成11年10月号
藤山浩「中山間地域における交通と暮らしの総合政策に向けて－5つの「共生」の視点」『運輸と経済』平成22年8月号
堀内重人「赤字路線存続への処方箋はあるのか？ 今年3月末で複数の路線が廃止される。どうすれば廃線をふせげるのか」『東洋経済』平成24年2月
酒井一郎「内陸線は地域の『基幹産業』をめざす」『あきた経済』№４０５（秋田経済研究所）平成25年2月号
堀内重人「上下分離経営・オープンアクセスによるブルートレイン活性化への模索」『交通権学会２０１３年度全国大会予稿集』平成25年7月

堀内重人「活性化を目指す地方鉄道」『聖教新聞』平成25年12月
堀内重人「移動する権利の保障が地域の可能性をひらく」『世界』平成26年10月
仲義雄「クルーズトレイン『ななつ星in九州』の七つの感動」『運輸と経済』平成26年10月号
堀内重人「グルメ列車を活用した地域活性化の現状と課題」（第7回人と環境にやさしい交通をめざす会in宇都宮）平成26年11月
堀内重人「北陸新幹線金沢開業」『ＪＲ特急列車年鑑２０１５』（イカロス出版）平成26年11月
堀内重人「明知鉄道と三岐鉄道の挑戦」『徹底解析!! ＪＲ東海&東海３県の鉄道会社』（洋泉社）平成28年１月

▼Ｗｅｂ関連

中川浩一「中川浩一の近鉄の歴史」(http://ktymtskz.my.coocan.jp/kansai/kintetu.htm)

ＷＩＬＬＥＲ ＴＲＡＩＮＳ、京都丹後鉄道の開業式典
(http://travel.watch.impress.co.jp/docs/news/20150402_695854.html)

瀬戸内の走るホテルは茜色「伊予灘ものがたり」

(http://style.nikkei.com/article/DGXNASFB0706B_Y4A700C1000000?channel=DF130120166109&style=1)

杉山淳一「列車の車内販売を終わらせてはいけない理由」

(http://www.msn.com/ja-jp/news/money/%e5%88%97%e8%bb%8a%e3%81%ae%e8%bb%8a%e5%86%85%e8%b2%a9%e5%a3%b2%e3%82%92%e7%b5%82%e3%82%8f%e3%82%89%e3%81%9b%e3%81%a6%e3%81%af%e3%81%84%e3%81%91%e3%81%aa%e3%81%84%e7%90%86%e7%94%b1/ar-BBtg17T?ocid=spartandhp#page=1)

ＪＲ各社・大手民鉄各社・地方鉄道各社のホームページ

堀内重人（ほりうちしげと）
1967年生まれ。立命館大学大学院経営学研究科博士前期課程修了。運輸評論家として、執筆や講演活動、ラジオ出演などを行う傍ら、NPOなどで交通・物流・街づくりを中心とした活動を行う。主な著書（単著）に、『ビジネスのヒントは駅弁に詰まっている』（2016年・双葉社）、『寝台列車再生論』（2015年・戎光祥出版）、『元気なローカル線のつくりかた』（2014年・学芸出版社）、『チャレンジする地方鉄道』（2013年・交通新聞社）、『新幹線vs航空機』（2012年・東京堂出版）、『地域で守ろう！鉄道・バス』（2012年・学芸出版社）、『ブルートレイン誕生50年－20系客車の誕生から、今後の夜行列車へ－』（2012年・クラッセ）などがある。日本交通学会・公益事業学会・日本海運経済学会・交通権学会・日本モビリティー・マネジメント会議・日本環境教育学会会員。

交通新聞社新書105

観光列車が旅を変えた
地域を拓く鉄道チャレンジの軌跡
（定価はカバーに表示してあります）

2016年12月15日　第1刷発行

著　者――堀内重人
発行人――江頭　誠
発行所――株式会社　交通新聞社
http://www.kotsu.co.jp/
〒101-0062　東京都千代田区神田駿河台2-3-11
NBF御茶ノ水ビル
電話　東京（03）6831-6550（編集部）
東京（03）6831-6622（販売部）

印刷・製本―大日本印刷株式会社

ISBN978-4-330-74316-5